CHANSONS

MOTS DONNÉS.

PARIS.
IMPRIMERIE DE A. SAINTIN.
RUE S. JACQUES 38.
—
1843.

CHANSONS.

MOTS DONNÉS.

CHANSONS.

MOTS

DONNÉS,

PARIS.

IMPRIMERIE DE A. SAINTIN.

RUE S. JACQUES 38.

1843.

CHANSONS.

MOTS DONNÉS.

Si ce recueil tombait entre les mains de personnes étrangères au Caveau, il est bon qu'elles connaissent la cause qui a donné naissance à ces chansons, et les motifs qui ont engagé leurs auteurs à les faire imprimer, sans toutefois les exposer au grand jour de la publicité.

M. Ferdinand Olivier, voulant faire

l'inauguration d'une modeste *villa* qu'il venait d'acquérir à Auteuil, invita à un déjeuner, le 5 Juin 1842, la plupart des chansonniers, ses camarades. Sa maison, quoique plus vaste que celle de Socrate, ne pouvait, à son grand regret, contenir tous les membres du Caveau. Pour donner à cette réunion un caractère original, il eut l'idée d'assigner à chacun des convives un nom de *légume* pour sujet de chanson. Le sort présida à la répartition, et tous les invités remplirent leur tâche.

Un mois après, son père, depuis longtems propriétaire à Auteuil, voulut renouveler cette fête de famille, et donna à ses convives *les fruits* à chanter.

Enfin, M. Veissier des Combes convia à dîner, le 20 août, presque tous les membres du Caveau; plusieurs ne purent, par divers motifs, se rendre à son invitation; mais néanmoins quelques uns envoyèrent leur chanson. Il avait donné pour texte *les animaux domestiques.*

Dans ces deux derniers banquets la voie du sort fut également suivie pour la distribution des sujets et pour le tour dans lequel chacun devait chanter.

Il est bon de savoir, pour motiver des couplets composés en dehors du programme, que la présidence, dans ces trois banquets, a été déférée à M. de Calonne, président du Caveau pour l'année 1842.

Toutes les productions furent remises aux amphytrions; mais les convives désiraient aussi les posséder, comme un gage d'union et un souvenir de famille. Ils n'ignoraient pas que le sort les avait plus ou moins bien partagés; cependant, mettant de côté tout amour propre d'auteur, ils ont consenti à l'impression, pour faire avec leurs camarades un échange désintéressé de leurs œuvres, et resserrer ainsi les liens d'une franche et cordiale amitié.

C'est donc à un très petit nombre d'exemplaires, et *pour eux seuls*, qu'ils ont composé ce recueil.

PREMIER BANQUET
𝔇onué a auteuil

Chez M. OLIVIER FILS
LE 5 JUIN

1842

COUPLET D'OUVERTURE.

Air : De ma Céline amant modeste.

Mes amis, je devrais peut-être,
Profitant de l'occasion,
Présider ce repas champêtre,
En qualité d'amphitryon.
Mais dans mes mains la Présidence
Pourrait trouver plus d'un écueil...
Aussi conservons par prudence
A de Calonne le fauteuil.

F. Olivier,

Improvisation d'Alph. SALIN, en réponse au couplet de F. OLIVIER, et au remeciment du président a ses camarades.

Même air.

Malgré ce qu'en dit de Calonne,
Il ne doit pas être flatté
Du titre qu'Olivier lui donne ;
Le fauteuil doit être écarté.
Mes amis, me trouvant à l'aise
Dans ce charmant réduit d'Auteuil,
Je ne changerais pas ma chaise
Contre le plus riche fauteuil.

LA ROMAINE.

Air : Trouverez-un parlement.

Le légume est peu de mon goût ;
Le radis me plait par caprice,
Le chou ne me plait pas du tout,
Le haricot fait mon supplice ;
Mais puisque chacun a chanté
Un des produits de ce domaine,
Par amour pour l'antiquité,
Amis, j'ai choisi la Romaine.

Autrefois le fils de Tarquin,
Polisson dont parle l'histoire,

Pour la femme d'un vieux Latin
Eut un amour peu méritoire.
Cet attentat, qui fit grand bruit,
Serait-il si digne de haine,
Si Sextus pendant cette nuit
N'avait trop poivré la Romaine?

Si, vivant dans un lieu désert,
Vous ne trouviez que des racines,
Pour tout potage et tout dessert,
Vous feriez de bien tristes mines.
Lucullus pensait comme vous,
Aussi passait-il ses semaines,
Couché devant de fins ragoûts,
Et près de charmantes Romaines.

Ernest de Calonne.

LA POMME DE TERRE.

Air : Nous n'avons qu'un temps à vivre.

Le ventre creux, qu'un pauvre diable
  Rime un chant sentimental ;
Le ventre plein, je veux à table,
  Chanter un bon végétal.
    Chantons la pomme de terre,
    Pour tous elle a des appas ;
    Du riche et du prolétaire,
    Elle embellit les repas.

La pomme à cidre fit naguère
   Des humains tous les malheurs.
Ah! jamais *la pomme de terre*
   N'a fait répandre de pleurs?
      Chantons, etc.

L'Amérique au dieu de Cythère
   Cause des *bobos* cruels,
Mais grâce à sa pomme de terre,
   Nous lui devons des autels.
      Chantons, etc.

Qu'un hymne de reconnaissance
   S'adresse au bon *Parmentier;*
Il change en grenier d'abondance
   Le plus malheureux grenier.
      Chantons, etc.

Quand ce légume aux Tuileries
   Chassa roses et jasmins,

Flore pleura ses fleurs chéries,
Comus se frotta les mains.
Chantons, etc.

Avec *la truffe* un ministère
Gagna maint individu ;
Jamais pour des *pommes de terre,*
Nul homme ne s'est vendu !
Chantons, etc.

L'hiver, accroupi près de l'âtre
Quelle ivresse pour l'enfant
D'arracher la robe grisâtre
Du tubercule fumant !
Chantons, etc.

De nos gamins voyez l'élite
Vivre en petit *Balthazar* :

Or la pomme de terre frite
  Est la mâne du *moutard* !
    Chantons, etc.

Un Bifteck succulant sait plaire
  A la bouche ainsi qu'aux yeux ;
Mais s'il est sans pommes de terre,
  Ce n'est plus qu'un mets boiteux !
    Chantons, etc.

La pomme de terre est goûtée
  En tous lieux, toutes saisons ;
Ce légume, nouveau Protée,
  Brille et plait de cent façons !
    Chantons, etc.

Du Parnasse, auteur téméraire,
  Je crus m'élancer d'un saut ;

Mais je suis *trop homme de terre*,
Pour m'élever aussi haut !
Chantons la pomme de terre,
Pour tous elle a des appas ;
Du riche et du prolétaire,
Elle embellit les repas.

Justin Cabassol.

L'ARTICHAUT

Ais : Gai, gai, mariez-vous.

Chaud, chaud !
Pour l'artichaut,
Muse,
Il ne faut pas qu'on muse.
Chaud, chaud !
Pour l'artichaut,
Allumons notre réchaud.

Dans ce temple consacré
A la gloire végétale,
Allons ma grosse Vestale,
Entretiens mon feu sacré.
  Chaud, chaud, etc.

A ce banquet fraternel,
En avant la gaîté franche !
Relevons la *sauce blanche*
D'un petit grain de gros sel.
  Chaud, chaud, etc.

Grands seigneurs dont les châteaux
Ont défense sur défense,
Je ne puis en conscience
Digérer *vos artichauts*.
  Chaud, chaud, etc.

Malgré la nuit, quand le ciel
De vingt soleils se colore,
Des yeux le badaud dévore
L'artichaut artificiel.
  Chaud, chaud, etc.

Foin de ces tristes produits,
Indignes de notre table !

A l'artichaut véritable,
Revenons, mes bons amis.
  Chaud, chaud, etc.

Chantons les bienfaits nombreux
De ses vertus prolifiques ;
L'artichaut des plus antiques,
Fut la truffe des hébreux.
  Chaud, chaud, etc.

Un gourmand lèche ses doigts
Lorsqu'il exprime le sucre
Distillé dans l'involucre
De l'artichaut des Génois.
  Chaud, chaud, etc.

Que l'artichaut Catalan
Plus d'un lustre se conserve,

J'aime bien mieux qu'on me serve
Le jeune artichaut de *Laon*.

  Chaud, chaud, etc.

Laon tes fertiles coteaux
Sont l'orgueil de la patrie,
Ton ciel donne le génie,
Et ton sol les artichauts.

  Chaud, chaud, etc.

De la main et du couteau
Ses pommes sont attaquées ;
De ses feuilles imbriquées
On a rompu le faisceau !

  Chaud, chaud, etc.

Sur table l'artichaut frit
S'attire plus d'un œillade,

L'artichaut à la poivrade
Est la clé de l'appétit !
    Chaud, chaud, etc.

Quelle onctueuse liqueur
De son calice découle
Quand, mis à la barigoule,
L'artichaut ouvre son cœur.
    Chaud, chaud, etc.

L'artichaut, ainsi que nous,
A des qualités contraires :
Sa queue est des plus amères,
Mais dans le fond qu'il est doux !
    Chaud, chaud, etc.

Amant si brave et si chaud,
Le cœur de votre maîtresse

Renferme moins de tendresse
Que le fond d'un artichaut.
  Chaud, chaud, etc.

A l'abri de tout témoin,
Sa fécondité nous prouve
Tout le plaisir qu'on éprouve
A végéter *sous le foin*
  Chaud, chaud, etc.

Vous qui vivez de tableaux
Des arts soignez la culture ;
Nous, amants de la nature
Cultivons les ar.....tichauts.
  Chaud, chaud, etc.

Pour ce légume nouveau
Donnons la plus belle estampe,

Mes amis, un cul de lampe
Vaut-il un cul d'artichaut ?
  Chaud, chaud, etc.

Ma musette, assez causé ;
Ton feu sacré me consume !
Versez, amis, mon légume
A besoin d'être arrosé.
  Chaud, chaud !
  Que l'artichaut
   Muse,
  Dans le vin s'infuse.
  Chaud, chaud !
  Ma Muse il faut
Rafraichir notre artichaut.

      A. Jacquemart,

LA BETTERAVE.

Air : Du piége.

Par une Julienne en couplets
Chez Olivier pendons la crémaillère
Chaque légume dans ce mets,
Doit représenter un confrère
Le sort devait à bonne intention
Pour moi qui suis de la chambre, un esclave,
Lorsque de sucre il est tant question,
Me réserver la betterave.

La betterave est pour nous un trésor,
Gloire à celui qui le premier en France
A dans son sein trouvé plus que de l'or,
En découvrant la saccarine essence.

Aussi plus rien ne peut nous être amer
Nous nous moquons de l'Anglais, du Batave,
Du nom Français je me montre plus fier
Quand je vois croître un pied de betterave.

※

Les premiers dons de la saison d'hiver
Sont les rhumes, les engelures
Et tous les nez semblent en prenant l'air
Des truffes sur toutes figures...
Pendant l'été les flots d'un jus vermeil
Font que la soif avec gaîté se brave...
Mais souvent un coup de soleil
Nous rend le nez comme une betterave.

※

Le confiseur transforme par son art
De cent façons le suc de ce légume ;
Plus d'un amant paie un tendre regard
En prodiguant les douceurs qu'il résume.
Quand pour répondre à ses soins empressés
Sa belle croit prendre un bonbon suave

Un sucre-d'orge ou des marrons glacés
Tous ces présents sont de la betterave.

La vache y puise un lait plus savoureux,
Nous lui devons la crême la meilleure
Elle est sur table un entremets moelleux,
Lorsqu'on y joint persil, sel, poivre et beurre.
Dans la salade, on la renomme enfin,
Un gastronome est heureux qu'on enclave
Une *barbe de capucin*
Dans un collier de betterave.

Tel qui croyait toujours briller le plus,
Soudain se trouve à la dernière place,
Longtemps la canne avait eu le dessus
La betterave aujourd'hui la menace...
Riches et grands songez à ces revers...
Le peuple veut grandir sans nulle entrave,
Craignez en lui donnant des fers,
D'être la canne et lui la betterave.

Dans l'alambic, ce légume passant
De ses débris le sucre se dégage
Du corps ainsi l'âme va s'échappant
Quand de la vie est fini le voyage...
De mon sujet on dira que je sors
Le ton léger peut s'unir au ton grave...
J'en conclus que l'âme est au corps
Ce que le sucre est à la betterave.

Mes vers sont froids, diffus, alambiqués
Lorsqu'ils devraient être doux par nature
Même à l'honneur de les voir critiqués
Je les soustrais, ils manquent de culture :
Comme une rave on est bête souvent
Ah ! décidez dans votre gai conclave
Quel est le plus bête pourtant
Du chansonnier ou de la betterave.

Auguste Giraud,

L'OGNON.

Air : Du mariage par circonstance.

Puisqu'on chante le légume,
Il faut que dans ce banquet,
Mes amis, je vous parfume,
L'ognon, voilà mon bouquet...
En Égypte et dans l'Asie,
Il détrôna l'Éternel,
Et les parfums d'Arabie,
Fumèrent sur son autel.
De la tulipe éclatante,
Il est le Dieu créateur,
Et la jacinthe odorante,
Lui doit aussi sa fraicheur.
On le réduit en purée,
C'est alors le miroton,

Et sa pelure dorée,
Est l'âme du mirliton...
Il sert à maint autre usage,
Et brûlé par la vapeur,
Il sait donner au potage
Une brillante couleur.

Quand épuisé par l'orgie,
Succombe un gai compagnon
Il va renaître à la vie...
Grâce à la soupe à l'ognon.

Veut-on du jus de la treille,
Vanter l'éclat, la fraîcheur,
Que dit-on d'une bouteille
De l'ognon c'est la couleur.

Si d'une femme charmante
Vous êtes l'heureux mignon,
Pour fuir une longue attente...
On regarde à son ognon.

La cohorte citoyenne,
A pour moi fort peu d'attraits,
Aussi qu'un ognon me vienne
Et je la fuis à jamais.

Oui, l'ognon a bien des charmes,
Il attendrit notre cœur,
Car il fait verser des larmes...
Au plus endurci pêcheur.
Bref, c'est un met délectable,
Bien cher à tous nos gourmets
Je le chante à cette table
Mais je n'en mange jamais.

F. Olivier,

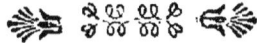

L'OSEILLE.

Air : Mon père était pot.

Si l'on ne peut, sans un couplet,
S'asseoir à cette table,
Daignez m'admettre, s'il vous plait,
Comme un convive aimable.
Et puisqu'il me faut
Payer mon écot,
Ma muse se réveille,
Pour sujet j'ai pris
Un légume omis,
Et je chante l'oseille.

L'oseille; qui nous rafraîchit,
Est un légume utile ;
Il donne aussi de l'appétit,

Et dissipe la bile.
　Parfois son bouillon
　Est un aiguillon
Qui sur moi fait merveille.
　Qui d'un fricandeau
　Fait un bon morceau ?
C'est encore l'oseille.

Comme ce légume, l'esprit
　Finement assaisonne
Dans le monde ce que l'on dit :
　C'est l'oseille en personne.
　　Au Caveau surtout
　　Où jamais le goût,
Comme ailleurs ne sommeille,
　　Chaque trait piquant
　　A tout le mordant
De notre sel d'oseille.

HIPPOLYTE DE CALONNE.

LE POIREAU

Chanson en guise de romance

Air: Ah ! que l'amour aurait pour moi de charme !

Fils égaré du plus tendre des pères,
Seul un poireau végétait dans un coin :
Hélas ! pour lui point d'amis, point de frères,
Son cœur d'aimer éprouvait le besoin.

Dans le lointain, tout à coup, il lui semble,
Jouet des vents voir rouler un oignon :
Ah ! viens, dit-il, nous pleurerons ensemble,
Sois de mes maux le triste compagnon.

L'oignon l'entend, vers lui se précipite,
Les voilà deux : le ciel leur paraît beau,
Instants trop courts ! car la même marmite
Le lendemain leur servit de tombeau.

LAGARDE.

L'ASPERGE.

Air : Mon père était pot.

L'asperge est un triste sujet,
   Pour ma muse rebelle ;
Et que voulez-vous en effet,
   Qu'elle dise sur elle ?
   Je n'en suis pas fou,
   Comme d'un bon chou,
   Ou de fine carotte,
   L'asperge entre nous,
   Je le dis à tous,
   Je ne l'aime qu'en botte.

Encor bien que ne l'aimant pas,
   J'en approuve l'usage,

Car elle est dans beaucoup de cas
 Nécessaire en ménage.
  On en met le bout
  Dans plus d'un ragoût;
  En potage, en salade,
  Comme apéritif,
  Comme digestif
  On l'ordonne au malade.

Malgré tout, j'en mange parfois
 Sans grande répugnance,
Mais chez moi c'est aux petits pois
 Qu'elle a la préférence.
  On la mange au jus,
  Chez tous nos ventrus,
  Au geste, à la voix aigre ;
  Ce plat d'entremets,
  Chez les fins gourmets,
  Ne se mange qu'au maigre.

Quoique sûr et souvent amer,
   On le dit salutaire ;
Et ce légume toujours cher,
   Le sexe, le préfère,
     Soit par sa grosseur,
     Soit par sa longueur,
     Il a pour lui des charmes ;
     Son goût sa fraîcheur,
     Sa verte couleur,
     En lui tout plait aux dames. *Bis.*

A ce légume délicat,
   Je ne mets pas l'enchère.
C'est surtout par son résultat
   Qu'il ne saurait me plaire,
     En toute saison
     On le trouve bon
     Chez soi comme à l'auberge,
     Et moi pour changer
     J'aime mieux manger
     Que de chanter l'asperge. *Bis,*

OLIVIER PÈRE,

LA CAROTTE.

Air : Mon père était pot.

Le chou me pèse sur le cœur,
La laitue est sans charmes,
De l'ail je déteste l'odeur,
L'oignon me met en larmes;
Cornichon proscrit,
Par les gens d'esprit,
Reste au fond de la hotte!...
Imprudent navet,
Je crains ton effet :
J'aime mieux la carotte.

Vive ce légume chéri
Et son joyeux emblême!...

Je sais bien que plus d'un mari
Ne pense pas de même...
Mais en vain son front
Veut parer l'affront
Que sa couleur dénote...
Souvent un blondin
Vient dans son jardin
Planter une carotte.

Je ne suis pas seul de mon goût :
Il domine en ménage...
Et ma gouvernante surtout
Avec moi le partage :
Quand à peu de frais,
De légumes frais
Il lui faut une botte,
Son choix est certain,
Et toujours sa main
Tombe sur la carotte.

En se fiant sur la couleur,
Quelquefois on s'expose :

Souvent une brillante fleur
Sent moins bon que la rose...
   Vous, jeunes muguets,
   Toujours aux aguets,
N'ayez pas la marotte
   De faire des vœux
   Pour ces blonds cheveux
Tenant de la carotte.

Il en est une dont l'état
Garde le monopole,
Et qui saisit notre odorat
De l'un à l'autre pôle...
   On la prise fort,
   Et l'on n'a pas tort,
Quoiqu'en dise Aristote...
   Etes-vous menés
   Par le bout du nez..?
C'est grâce à la carotte.

Gardez-vous d'un joli minois
   Prodigue de caresses,
Dont l'œil toujours en tapinois
   Observe vos faiblesses :
   Quel est son dessein,
   Quand près de son sein
La belle vous dorlotte ?
  Ce lutin charmant
  Veut à son amant
  Tirer une carotte.

Mais gardez-vous bien plus encor
   De cette ame cupide
Dont l'œil toujours fixé sur l'or,
   N'a que l'or pour tout guide...
   Sur la peur d'autrui,
   Fondant son appui,
Ce héros de bouillotte,
  En ruses expert,
  Vient au tapis vert
  Exploiter la carotte.

Se mettre en route est, nous dit-on,
    La moitié du voyage ;
Mais d'aller long-temps sur ce ton,
    Je n'ai pas le courage :
    Je crains qu'un holà !...
    Ne dise: halte-là!,..
    Enfin, je me débotte...
    Il faut ménager,
    Dans son potager,
    Toujours une carotte.

Veissier des Combes.

LE NAVET.

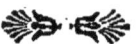

Air : du Vaudeville de Fanchon.

Bordet que viens-tu d'lire ?
On te condamn', sans rire,
A servir ton plat au banquet,
Puisque l'sort te l'impose,
Allons ! mon vieux, train' ton boulet,
Pour aider à la chose,
Epluche le navet.

Mais j'tiens la casserolle ;
Déjà l' navet rissolle,
Il approche de sa cuisson ;
J' vas l' flanquer dans l' potage,

Peut-êtr', comm' ça sera-t-il bon?
J' suis heureux, tant j'enrage,
D' vous fair' boire un bouillon.

Grâce à la cuissinière
Que j' fréquentais naguère,
Au temps où j' portais le mousquet,
J'ai fait plus d'un' ribotte,
Qu' sans savoir le bourgeois payait ;
Et j' tirions maint' carotte
En même temps que l'navet.

Parfois je m' le rappelle,
Un certain jour la belle
Me dit, en raisonnant la d'ssus ;
Faut qu' ton navet soit ferme,
Long, d'un bel aspect, et de plus,
Qu'en pressant l'épiderme,
Il en sorte du jus.

L' navet, sujet aride,
Est toujours fade et vide,
Et qu'en sort-il souvent?... du vent!
Si d' ce triste légume
Vous aimez l' parfum décevant ;
Moi j' préfère un gros rhume
Qui s'exhal' par devant.

Ma foi, je vous admire,
Lorsque je viens vous dire,
En face de pareils couplets ;
Pour de telles misères,
A vous voir là tous aux aguets,
Vous me faites l'effet, confrères,
De canards aux navets.

BORDET,

LE CHOU.

Air : Dam' ma mère, est-c' que j' sais ça.

Au lapin, je vous l'assure,
Je dois un peu ressembler,
Car j'aime la nourriture
Dont on le voit raffoler ;
Le légume qui le tente
Vaut pour moi l'or du Pérou,
Et, puisqu'il faut que je chante,
Je vais vous chanter le chou.

J'eus pour le chou, dès l'enfance,
De la vénération ;

Plus tard, la reconnaissance
Fit ma prédilection.
J'interrogeais à la ronde
Chacun, pour savoir par où
Et comment je vins au monde ?
C'est, me dit-on, sous un chou.

Il faut bien que je le dise,
Les choux ! je les aime tant
Que je crains par gourmandise,
Qu'on en dévaste le plant.
Avec ou sans métaphore,
Je déteste tous les fous ;
Et comme un fléau j'abhore
Ceux qui vont à travers choux.

Loin de nous la flatterie,
Et cette duplicité
Sacrifiant la patrie
A sa propre utilité !

C'est risquer en politique,
D'aller se casser le cou,
Que d'adopter pour tactique :
« Sauvons la chèvre et le chou. »

Aux soucis de la couronne
Préfèrant l'obscurité,
Un Empereur à Salone (1)
Trouva la sécurité.
Quand pourrai-je aussi vous dire,
Je quitte, suivant mes goûts,
Et le Collège et la Lyre,
Pour aller planter mes choux.

Je ne sais comment m'y prendre
Près d'une jeune beauté

---

(1) Dioclétien qui abdiqua pour aller à Salone dont on vantait les jardins par lui si bien cultivés.

Dont l'air semble me défendre
La moindre témérité.
Mais soudain mon cœur s'enflamme
Ainsi que de l'amadou,
Lorsque j'entends une femme
M'appeler son petit chou.

D'une femme la présence
Excite en moi le désir ;
Rien qu'en la voyant, je pense
A la coupe du plaisir.
Qu'elle soit ou blonde ou brune,
De Paris ou de Moscou ;
Du moment que c'en est une,
C'est, comme on dit, chou pour chou.

Que de gens du haut parage
Dont on vante les talents,

Quand on les met à l'ouvrage,
Ne sont que des ignorants.
Tel, dans tous les ministères,
S'entend, soit dit entre nous,
A conduire nos affaires,
Tout comme à ramer des choux.

Quand l'appétit me talonne,
Que je trouve un bon repas,
Sans jamais nuire à personne,
Je fais toujours mes choux gras.
Des bassesses, sur mon âme,
J'en ferais à deux genoux,
Pour caresser une femme
Et manger la soupe aux choux.

Amis, quoiqu'il vous en coûte,
Au Président du Caveau,

N'allez pas dire chou...croûte
Comme de certain tableau;
Je serais contraint, de honte,
A me cacher dans un trou,
Si j'avais fait, pour mon compte,
Chou-blanc, en chantant le chou.

F. DE CALONNE.

LES LENTILLES.

Air: Et voilà comme tout s'arrange.

Dans son ermitage d'*Auteuil*,
Quand Boileau, le grand satirique,
Traitait sans faste et sans orgueil,
Ses frères en l'art poétique,
Chacun d'eux libre de son choix,
Chantait, vins vieux, ou jeunes filles,
La ville, la cour ou les rois,
Et dire qu'ici, je me vois
Contraint à chanter les Lentilles!

Mais après avoir feuilleté
La Bible, ce pieux volume,

Je vois que dans l'antiquité
L'on aimait presque ce légume,
Par un luron goulu, velu,
Tenant aux meilleures familles,
Et qui portait nom : Esaü,
Un droit d'ainesse fut vendu...
Moyennant un plat de Lentilles !

Mais sans remonter aussi haut.
Je puis voir aussi que dans Rome,
Ce légume faisait défaut
Au menu d'un grand gastronome ;
Il payait leur poids d'or et plus...
Turbots, faisans, pluviers, anguilles...
Certes, nonobstant ses écus
Parlerait-on de Lucullus,
S'il n'eut mangé que des Lentilles ?

Si du navet nous devons fuir
La qualité *relaxative*,

De la Lentille il faut haïr
La vertu par trop *restrictive*,
Et pour ne nous trouver jamais,
Entre deux selles, joyeux drilles,
Quand on nous sert d'aussi bons mets,
Sachons nous priver de *navets*
Et nous dispenser de lentilles.

Il est des Lentilles encor,
Par la science élaborées,
Qui nous font prendre un noble essor
Vers les régions éthérées;
De ces domaines pleins d'attraits,
Elles ouvrent portes et grilles,
Oui, si nos regards indiscrets
De Vénus percent les secrets,
N'est-ce pas grâce à des Lentille ?

Le bonheur existe vraiment,
Dans tous les états de la vie,

Aussi j'admire ce manant
Formulant ainsi son envie:
Moi, si j'étais roi, je voudrais
Le dimanche jouer aux quilles,
Tous les jours avoir du pain frais,
Porter les sabots les mieux faits,
Et manger du lard aux Lentilles.

Lorsque d'un suffrage complet
Vous dotez *le Chou, la Carotte,*
L'Asperge, l'Oignon, le Navet,
Et *Betterave* et *Vitelotte,*
Quand *le Poireau, les Artichauds*
Captent aussi vos apostilles,
De vous, je n'attends que ces mots :
Je n'aime pas les haricots,
Encore bien moins les Lentilles !

A. SALIN

L'AIL.

Air : du Vaudeville de Florian.

Toi dont la piquante saveur
D'Horace alluma la colère,
Et malgré cette défaveur,
Au bon Virgile avait su plaire ;
Oignon modeste, hôte des champs,
Pour toi je saisis l'épinette :
Fidèle à mes humbles penchans,
Sois l'objet de ma chansonnette.

Dans le boudoir de la beauté,
Qu'importe si la médisance,
Prétend que ta vive âcreté
Des ris détourne la présence :

Croissant à l'ombre du laurier,
Ton suc est le lait de la gloire ;
Et plus d'une fois le guerrier
A ton parfum dût la victoire.

Observez l'agile Espagnol,
En plein air et pour lit la dure,
Gazouillant comme un rossignol
Caché sous un toit de verdure :
Qui donc nourrit dans son travail,
Le feu dont son regard pétille ?
C'est une simple gousse d'ail,
En réserve sous sa mantille.

Loin de moi les plats succulents
Que sur nos tables on étale,
Les perdrix et les ortolans,
Et la cuisine orientale !
A l'exemple de nos aïeux,
Sans les mets dont Paris foisonne,

A mon diner, j'aime bien mieux
Un gigot que l'ail assaisonne.

⁂

Pour cacher les affronts du temps,
L'actrice a recours à la ruse ;
Elle retrouve ses vingt ans
Sous le carmin et la céruse.
Mais de l'art que fait l'attirail ?
La nature appelle un complice :
Dès que la belle a senti l'ail,
Sa fleur périt dans la coulisse.

⁂

Cher ail, ô toi qui des gascons
Charmes l'humeur philosophique,
Toi que souvent nous invoquons,
Presque à l'égal d'un spécifique ;
S'il arrivait dans mon réduit
Une bégueule parasite,
Fais lui respirer ton produit,
Afin d'abréger sa visite !

Albert-Montémont,

RÉSUMÉ.

Air: Suzon sortait de son village.

Chacun a chanté on légume,
Après l'avoir mis sous la dent,
Il faut, amis, que je résume,
En qualité de Président.
  A de vains sons,
  Non, vos chansons,
  Dans un repas,
 Ne se réduiront pas;
  Du chansonnier,
  Le cuisinier,
  Répétera
Les refrains, et dira:

Pour qu'on goûte et que l'on retienne
Ensemble ces joyeux couplets,
De tous ces légumes, exprès,
   Faisons une julienne.

F. De Calonne,

Deuxième Banquet
DONNÉ A AUTEUIL
chez M. Olivièr Père

Le 3 Juillet 1842.

LES FRUITS.

Air : Femme voulez-vous éprouver.

Lorsque Socrate fit bâtir
Sa maison près d'un site agreste,
Chacun lui faisait pressentir
Qu'elle serait par trop modeste.
Formant le même vœu que lui,
J'ai fait, bien petite, la mienne;
Il se réalise, aujourd'hui,
De mes amis, je la vois pleine.

Olivier père.

Air : J'étais bon chasseur autrefois.

Du Coing j'emprunte ici la voix,
Pour vous prier, avec instance,
De laisser à l'aimable Noix,
Les honneurs de la Présidence.
Heureux s'il est par vous goûté,
Il veut que la Noix le remplace,
Devant ce fruit si haut perché
Souffrez que l'humble Coing s'efface.

OLIVIER PÈRE.

MON DEBOIRE

ou

CHANSON COMPLAINTE

Sur le sujét qui m'est échu et que je ne saurais traiter avec fruit.

Air : Vieillissons sans regret.

Par le sort éconduit,
   J'ai la poire :
   Quel déboire !
J'aurai bien peu de gloire
   A chanter ce fruit,

Quand le sort me repousse,
   Que Giraud (1) est heureux

---

(1) Auguste Giraud.

De pouvoir en ces lieux
Offrir un amande douce !
Par le sort éconduit, etc.

⚜

De notre Olivier père,
Si j'empruntais le Coing,
Je pourrais dans mon coin
Charmer l'assemblée entière.
Par le sort éconduit, etc.

⚜

C'est en vain que je guette
Le fruit du coudrier :
Chartrey, sans m'en prier,
Cueille gaîment la Noisette.
Par le sort éconduit, etc.

⚜

Je voudrais chercher noise
A notre bon Pinet ;

Il aura maint couplet,
Tout parfumé de Frambroise.
Par le sort éconduit, etc.

Albert (1) va, sur la Pêche,
Rimer comme un Gilbert ;
De rimer comme Albert,
Personne ici ne m'empêche.
Par le sort éconduit, etc.

Ta verve fait merveille
Lagarde... cependant
J'aurais eu ton piquant
En égrénant la Groseille.
Par le sort éconduit, etc.

---

(1) Albert-Montémont.

Vainement j'en murmure,
Fournier m'a dérobé
Le fruit cher à Thisbé.
Que d'éclat aura sa Mûre!
Par le sort éconduit, etc.

❦

Ferdinand (1) sur la Nèfle
Saura bien s'escrimer.
Richelet pour rimer
Me promettait l'as de trèfle.
Par le sort éconduit, etc.

❦

Le sort pour de Calonne
S'est montré très courtois :
Vous verrez que sa Noix
Sera fraîche autant que bonne.
Par le sort éconduit, etc.

---

(1) Ferdinand Olivier.

Lorsque Gagneux attrappe
Le Raisin... je serais
Sûr de son beau succès
Si je mordais à la grappe.

Par le sort éconduit, etc.

⚜

Alphonse (1) me fatigue
Par ses vers bien tournés ;
Je suis sûr qu'à mon nez
Il va me faire la Figue.

Par le sort éconduit, etc,

⚜

L'Abricot affriole
L'adroit et gai Décour (1),
Ce fruit cher à l'amour

---

(1) Alphonse Salin.

(2) Eugène Décour.

M'allait pour la gaudriole.
 Par le sort éconduit, etc.

   ⚜

Chez d'égrillardes brunes
Désaugiers trouve accès ;
Comme lui, je pouvais
Leur offrir de belles Prunes.
 Par le sort éconduit, etc.

   ⚜

Toirac avec franchise
Va chanter... cependant
Je lui garde une dent,
Car je guignais sa Cerise.
 Par le sort éconduit, etc.

   ⚜

Veissier-Descombe est l'homme
Incarné du couplet.
En prenant son sujet,
Comme lui j'avais la Pomme !

Par le sort éconduit,
J'ai la Poire,
Quel déboire !
J'aurai bien peu de gloire
A chanter ce fruit.

Justin Cabassol.

LA NOISETTE.

Air: du Pas de charge,
ou à tous les coups l'on gagne.

Sur un fruit sec il faut chanter
Puisqu'Olivier l'ordonne;
Je n'aurai pas à me vanter
Du sujet qu'il me donne.
Le sort aurait bien dû changer,
Quand dans l'urne discrète,
Il a, pour me faire enrager,
Désigné la noisette.

Elle a pourtant quelques attraits,
J'aime sa taille ronde;

De Lise elle a bien d'autres traits,
Elle est ferme, elle est blonde.
Lorsque je la prends sans dessein,
J'y vois bien autre chose,
Je trouve en découvrant son sein,
L'incarnat de la rose.

Au fond des bois il faut la voir,
Avec sa robe verte,
Du plaisir elle offre l'espoir
Dès qu'elle est entr'ouverte.
Hélas ! sa beauté se détruit
Tout comme chez Lisette,
Dès l'instant qu'un vers s'introduit,
Au fond de la noisette !

Elle est modeste en ses projets
  Se cachant sous la feuille,

Mais elle promet un succès
A celui qui la cueille.
Enfin sans rien dire de plus,
Mes amis, la noisette
Offre par toutes ses vertus,
L'histoire de Lisette.

CHARTREY.

LES BOUTONS DE ROSE

ET

L'ABRICOT.

Confidence historique de Mlle ABRICOTINE.

Air : de Céline.

Il m'en souvient, ma bonne mère,
Lorsqu'elle me donna le jour,
D'un ton qui tenait du mystère,
Me dit, d'un accent plein d'amour:
«Avec la vie, et ça pour cause,
»Je te donne, pour premier lot,
»Avec deux frais boutons de rose,
»Un joli petit abricot.»

»D'une gaze légère et pure,
»Dit-elle encore en m'embrassant,
»Dès aujourd'hui, je t'en conjure,
»Voile avec soin ce doux présent;
»Et plus tard, malgré ton cœur tendre,
»En dépit d'un fâcheux complot,
»Garde toi de te laisser prendre
»Tes boutons et ton abricot.»

»Il faut encor que je m'explique :
»De ce présent que je te fais,
»Par une puissance magique
»Tu sentiras tous les effets.
»Telle est ainsi ta destinée,
»Que, sans pousser un seul sanglot,
»Tu verras s'ouvrir chaque année
»Tes boutons et ton abricot.»

Tout en grandissant avec l'âge,
Un joli garçon me plaisait,

Et d'un innocent badinage,
Trop souvent mon esprit rêvait ;
Mais, un beau jour, le jeune Auguste,
Avec un air un peu Jeannot,
Osa me demander, tout juste,
Mes boutons et mon abricot.

Je refusai cette demande
Un jour, deux jours et même trois ;
Mais il me fit certaine offrande...
Sur mon cœur je compris ses droits,
Grâce aux efforts de sa tendresse,
Hélas ! je lui prêtai bientôt,
Moins par élan que par faiblesse,
Mes boutons et mon abricot.

De cette chance malheureuse
Ma mère vit le résultat,

»Comme toi, je fus généreuse
»Me dit-elle, mais point d'éclat;
»Ton futur époux, je le gage,
»Croira, tout en faisant jabot,
»Avoir le premier, sans partage
»Tes boutons et ton abricot.»

Fillettes, gardez la mémoire
Des tourmens que j'ai dû souffrir ;
L'aventure de mon histoire
De leçon devra vous servir.
Au Dieu d'amour qui vous lutine,
Tout en acquittant votre écot,
Conservez mieux qu'Abricotine
Vos boutons et votre abricot.

Eugène Décour,

LA POMME.

Air : Viâ Versâ.

Vous le savez, notre première mère
Seule a des droits à mon premier couplet :
Son doux larcin nous la rendit plus chère ;
Sans elle, ici tout serait incomplet.
Si par ce fruit sa main à perdu l'homme,
Facilement on doit lui pardonner,
Car sans regrets pour une belle pomme
Vingt fois par jour tous voudraient se damner.

Depuis, la pomme a captivé notre âme :
Sachez le bien, ce n'est pas sans dessein,

Qu'avec orgeuil maintenant chaque femme
Veut en avoir toujours deux dans son sein...
Car du péché cette fille perfide,
Qui de plaisir ne peut jamais chômer,
Donnant le choix à notre bouche avide,
A chaque instant voudrait nous empaumer.

De ce beau fruit, bien que l'espèce abonde,
Il en est peu dont on soit plus jaloux :
Aussi jadis, en nous livrant le monde,
La providence en fit pour tous les goûts.
Je l'avouerai, j'aime la plus vermeille,
Mon choix sur elle est fixé sans retour,
Et quand Cloé vient m'ouvrir sa corbeille,
Ma main va droit à la pomme d'amour.

Celle des bois est bien moins colorée :
Mais ses pépins ne sont pas méconnus.

On dit qu'un jour pour narguer Cythérée,
Le bon Silène en fit don à Bacchus.
Nul franc buveur jamais ne la dédaigne ;
Et quelque fois je m'arrête en chemin ,
Lorsque je vois écrit sur une enseigne :
Entrez, amis, à la Pomme de Pin.

Qui n'a point vu, dans la riche Neustrie,
De cent beautés le brillant coloris?
Moins gracieuse est la rose fleurie,
Moins éclatant est le front de Cypris.
Jadis, dit-on, cette aimable déesse,
Ne songeant plus à la rivalité,
De ses cheveux leur fit don d'une tresse ,
Et leur laissa le prix de sa beauté.

Là, ce doux fruit étendit son domaine :
L'arbre en bouquet s'éleva dans les cieux ,
Et pour Bacchus la grappe d'Aquitaine
Ne fournit pas un suc plus savoureux.

Au laboureur Pomone la dédie,
Le peuple encor en fait son Jurançon,
Et le cadet de basse Normandie
Est, en esprit, le rival du Gascon.

Je dois encor vous parler de cette Eve
Qui de l'Eden nous a tous éconduits :
Dans son ardeur elle n'eut point de trêve
Que son mari n'eut mordu dans ses fruits.
Le chaste époux devenu moins farouche,
Cède un instant... et se laisse entraîner ;
Le fruit trop vert reste au fond de sa bouche :
Jamais Adam ne put le digérer...

Pauvres humains, vos nobles destinées
D'un simple fruit ont souvent dépendu :
Il a flétri vos premières années ;
Hormis l'espoir, pour lui fut tout perdu ;
Aux champs de Mars, aussi bien qu'à Cythère
Quand la discorde a donné le signal,

Comme une proie aux vautours de la terre
Satan, sur vous, lance le fruit fatal...

Ce fruit maudit que la terre asservie
Ne jetait plus qu'aux vierges de Paphos,
Sur les sommets de la fière Helvétie,
Fut anobli par la main d'un héros ;
Près du Mora, cette race guerrière,
Qui garde encor sa mâle austérité,
En a marqué son auguste bannière,
Ce fruit maudit fonda sa liberté.

Pour la cueillir chacun suit son idée ;
L'un veut l'avoir dans toute sa primeure,
L'autre ne mord qu'à la pomme ridée ;
Je l'aime mûre et pleine de saveur.
Un amateur tient fort à la Reinette,
Le Rambour plaît à l'amant assoupi,
Avec plaisir une jeune fillette
Donne ou reçoit une pomme d'Api.

Fruit merveilleux, noble source de vie,
Pardonne ici mes vers injurieux !..
De t'accuser je n'eus jamais envie :
Je mords souvent ce que j'aime le mieux.
Les sots te font l'instrument du désordre :
Sais-tu d'où vient leur triste inimitié ?...
C'est que leur dent sur toi ne peut plus mordre,
Par impuissance ils t'ont calomnié.

Veissier des Combes.

LA CERISE.

Air : du Charlatanisme.

Olivier m'appelle à chanter,
Loin que ma muse s'en courrouce,
Je vais vite le contenter,
En criant bien fort à la douce ;
Chacun paye ici son écot,
Moi, par esprit de gaillardise,
J'aurais exploité l'abricot, (bis.)
Si je n'avais eu la Cerise. (bis)

La Cerise est un fruit aqueux,
N'ayant pour unique apanage,
Qu'un noyau dur, parfois rugueux,
Qui dans son enveloppe nage.

Il voudrait y nager toujo ;
Mais bientôt dans la bouche mise
Entre deux lèvres de velours,
On voit se vider la Cerise.

Vous croyez mon fruit disparu,
Parcequ'il a changé de forme ?
Il deviendra bientôt dodu,
Il deviendra peut-être énorme ;
Car dans un bocal introduit,
Il reprend sa rouge chemise ;
Il ne faut qu'une seule nuit,
Pour voir regonfler la Cerise.

En rentrant chez moi, certain soir,
Une odeur frappe ma narine,
Est-ce la rose, fleur d'espoir,
M'ouvrant sa coupe purpurine ?

Non ! car je bouchai mes naseaux,
S'il faut qu'enfin je vous le dise,
Mes pieds brisaient mille noyaux ;
C'était le temps de la Cerise.

La jeune fille et le dandy
Vont, pour un plaisir illicite,
Tous les jours à Montmorency,
Chercher le fruit que je débite.
Mais par une ruse d'amour,
Que l'on pense être une méprise,
On prend l'abricot de Décour (*)
Au lieu de cueillir la Cerise.

Montmorency, c'est le pays
De la Cerise à courte queue,

(*) Voir la chanson sur l'abricot, de M. Décour.

Quand on en a tant à Paris
Pourquoi courir à la banlieue ;
Oui ! chaque membre du Caveau,
Courte queue, ici te méprise ;
Quand on possède un bigareau,
On ne veut plus de la Cerise !

Alphonse Toirac.

LA POIRE.

Air : Bataille, bataille (de Debraux).

Bon Olivier le sort l'ordonne :
A chanter un fruit de Pomone,
Ma pauvre muse se résout ;
Pour toi, je désire avant tout,
  Que ma Poire ait du goût.

    La Poire,
    La Poire,
    Fait boire,
  Excite l'appétit.
    La Poire,
    La Poire,
  Voilà mon fruit !

Sur le sol de la vieille France,
La Poire n'a point pris naissance,
Moi, par métaphore soudain
Je la fais remonter enfin
   Au temps du roi Pépin.
    La Poire, etc,

Devant l'école de Salerne
Tout frugivore se prosterne.
La Poire en compote, parfois,
Charmait nos docteurs... et je crois
   Qu'ils s'en léchaient les doigts.
    La Poire, etc.

Du vieux temps que j'aime l'usage !
Entre la poire et le fromage,
On causait, on était heureux !
On chantait des refrains joyeux,

Imitons nos aïeux !
La Poire, etc.

Un sage disait : après boire :
Pour la soif gardons une Poire !
Ce proverbe conservateur
Sera désormais en faveur
 Chez tout peuple buveur.
  La Poire, etc.

On prétend que le roi Louis onze
Avait des entrailles de bronze.
Pourtant ce prince savait bien,
Pour son dessert épicurien,
 Planter du bon Chrétien :
  La Poire, etc.

Afin que notre appétit croisse
N'usons pas de Poires d'angoisse ;

Ne recevons dans un festin
Que la blanquette au jus divin,
Avec le Saint-Germain.
La Poire, etc.

Le jeune homme toujours s'enflamme,
Quand il voit la cuisse-madame ;
Au vieillard le doyenné plait ;
La blonde, au goût parfois coquet,
Aime le Rousselet.
La Poire, etc.

S'il existe de tendres brunes
Qui ne raffolent que de prunes.
D'autres, dignes filles d'Adam,
Empoignent, dans un bel élan,
Le gros Messire-Jean.
La Poire, etc.

Sur les murs d'une Capitale
On mit une Poire royale :
Quand il se vit en espalier,
Le prince, loin de sourciller,
  En a ri le premier.
    La Poire, etc.

Français, je n'en fais pas mystère,
J'aime la Poire d'Angleterre.
Puissai-je un jour voir nos guerriers
De l'Anglais si pauvre en lauriers,
  Conquérir les Poiriers.
    La Poire, etc,

Ma muse s'est elle trompée?
Ma Poire est-elle bien tapée ?
Délivrez-moi de ce souci :
Ah ! si ma Poire a réussi,
  Qu'elle ait la pomme ici.

La Poire,
La Poire,
Fait boire,
Excite l'appétit,
La Poire,
La Poire,
Voilà mon fruit!

Justin Cabassol.

LA NOIX.

Air: C'est ma mie, j' la veux.

Le fruit qu'on m'adjuge
Est dur comme tout,
Il faut que je l' gruge,
Pour en v'nir à bout.
Je suis aux abois
Pour briser l'écorce,
Et j' n'ai pas la force
D'entamer ma Noix.

Faut pourtant qu' ma tâche
S'accomplisse aussi ;

Il serait trop lâche
D' rester court ici.
Aux Noix autrefois,
Jouait plus d'un sage,
Mais aucun, je l' gage,
N'eût chanté la Noix.

Défunt Diogène,
Qu' Piron a vanté,
Agissait sans gêne
Dans l'antiquité.
Sans s' servir des doigts,
Le malin Cynique,
D'un seul coup de... pique
Vous cassait des Noix.

Savez-vous bien comme
Jadis un époux
Evitait à Rome
Les regards jaloux ?

D' peur qu'en tapinois
On n' surprit sa belle,
Toujours autour d'elle,
Il semait des Noix.

Plus d'une fillette,
D'amour vrai lutin,
Y cherche en cachette
Son futur destin.
Quand je l'aperçois
Consultant l'augure ;
Quel' bonne aventure !
D' lui voler sa Noix.

Pour la Noix de Galle,
Je la prise fort ;
Toute autre rivale
Près d'elle aurait tort.
En dépit des rois,
Partout la pensée

Se voit retracée
Grâce à cette Noix.

De la Noix nouvelle
J'aime la saveur ;
C'est comme une belle
Dans tout' sa fraîcheur.
Aussi quand je vois
Marchande gentille,
J' voudrais en bon drille
Ecaler sa noix.

Avec le fromage,
La Noix au dessert,
Donn' de l'avantage
Au vin le plus vert.
Aussi quand je bois,
Je m' méfi' d' la ruse,
Et, d' peur qu'on n' m'abuse,
Je n' touch' pas aux Noix.

Son fruit prolifique,
Disent maints docteurs,
Est un spécifique
Pour les amateurs.
Près d' gentil minois,
Toujours je m' dispose
A fair' quelque chose,
En mangeant des Noix.

Depuis que je m' traîne
Sur c' maudit sujet,
Il est temps qu' j'en vienne
Au dernier couplet.
N'ayant pas eu l' choix,
J' n'ai pas fait merveille,
J' vas comme un' corneille
Abattant des Noix.

F. DE CALONNE.

LA GROSEILLE.

Air : Bon voyage, Monsieur du Mollet.

La Groseille
Est un fruit charmant,
J'aime surtout sa couleur si vermeille ;
La Groseille
Est un fruit charmant,
Qui rafraichit notre tempérament.

Quand de l'été la chaleur vous accable
Un bon vin vieux, certes, n'est pas de trop ;
Mais la groseille et son jus délectable
Offrent à l'homme un bienfaisant sirop.
La groseille, etc.

Un amoureux pour celle qu'il adore,
Pendant huit jours fait-il de grands exploits ?
S'il en ressent un feu qui le dévore,
A la groseille on le met pour un mois.
  La groseille, etc,

Ce fruit suave en tous temps fait merveille
Et dans nos bals son charme est infini ;
Biscuits, sorbets, glaces à la groseille
Sont les pilliers du café Tortoni.
  La groseille, etc.

Dans la saison où la groseille abonde,
En confiture on la change soudain :
C'est le plaisir de la femme du monde,
C'est le travail de l'épicier malin.
  La groseille, etc.

Quand sur sa tête une beauté piquante
La met en grappe avec des pampres verts,

Elle m'a l'air d'une jeune bacchante,
Qui veut toujours voir la feuille à l'envers.
   La groseille, etc.

Avec le vin sa couleur rivalise,
Mais, parfois blanche, elle peint la candeur;
Comptant ses grains la jeune et tendre Lise
De son amant veut deviner l'ardeur.
   La groseille, etc.

La noire a bien aussi quelque mérite,
Et le cassis offre, dans un flacon,
Les écoliers la liqueur favorite,
Des pauvres gens la consolation.
   La groseille, etc.

Il en est une à la teinte un peu rose
Qui, dans Paris, se vend fort à propos,

Et qu'aux passants la marchande propose
En leur criant: groseille à maquereaux !
La groseille, etc.

Fraiche groseille et sucre en abondance
Font pour le rhume un exellent bonbon;
D'un confiseur je n'ai pas la science :
Moi, je n'en fais qu'une pauvre chanson.
La groseille
Est un fruit charmant,
J'aime surtout sa couleur si vermeille,
La groseille
Est un fruit charmant
Qui rafraichit notre tempérament.

LAGARDE,

LA NÈFLE.

Air : En deux moitiés dit-on le sort (deDoche).

Parmi tous ces fruits savoureux,
Ornemens d'un festin splendide,
Que viens-tu faire dans ces lieux,
Pauvre Nèfle, obscure et timide?
Amis, j'ose à peine espérer
D'obtenir aujourd'hui sa grâce,
Mais puisqu'il faut la célébrer,
Daignez lui faire un peu de place.   (bis).

Par Jules César, transplanté,
Triste fruit d'un lointain rivage,

Tu crus que l'immortalité,
Devait être un jour ton partage.
Mais semblable à ces favoris,
Dont le crédit est éphémère,
Tu n'eus pour toi que le mépris
Quand César eut quitté la terre. (bis).

Du sage, tu suis les penchants,
Simple fille de la nature :
Comme une pauvre fleur des champs,
Tu vis, et tu meurs sans culture.
Aussi, rarement, je la vois
Trôner sur les fleurs d'un parterre.
Elle se plaît au fond des bois,
Ou sur les bords d'une rivière. (bis).

Du ciel, tous ont eu les faveurs ;
Mais à toi, l'injuste Pomone

Pour tâcher d'essuyer tes pleurs,
Ne t'offrit qu'une humble couronne...
Mais ce n'est pas là le bonheur ;
Et donner, pour charmer la vie,
Un simulacre de grandeur,
Ce n'est qu'une amère ironie.   (bis).

Voyez tous ces puissants d'un jour,
Enfans gâtés de la fortune,
Paraître ignorer qu'à leur tour,
Ils subiront la loi commune.
Tel qui croyait que le destin,
Des grandeurs, jamais ne se raille,
Comme la Nèfle, un beau matin,
S'en vient expirer sur la paille.   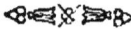 (bis).

Lorsque la prune, le raisin,
La pêche et la rouge framboise
Souvent terminent un festin;
D'une façon trop peu courtoise...

Enfin, quand un affreux tourment,
Nous rend l'abdomen un peu libre,
Toi seule, en ce fatal moment
Alors, rétablis l'équilibre.   (bis).

La Nèfle, hélas ! n'a pas produit,
Entre mes mains, une merveille,
Je crains que mon modeste fruit
Ait déparé votre corbeille :
Bien que faibles soient mes couplets,
J'estime la Nèfle, et je l'aime,
Car en elle, je reconnais
De la patience l'emblême.   (bis.

FERDINAND OLIVIER.

LA FIGUE.

Boutade sur l'air : des Fraises.

Le Destin, n'est, sans mentir,
Autre qu'un vieux Rodrigue,
Pour m'avoir su départir,
Quand je ne puis la sentir....
　　La figue ! (ter.)

Si j'ètais de Draguignan
D'Aix ou de la Martigue,
Je placerais, plein d'élan,
Au niveau de l'Ortolan,
　　La figue !

Mais, comme je suis d'un sol,
De ce fruit peu prodigue,
Je perdrais, je crois, mon sol,
En chantant, même en bémol
 La figue !

Aussi, j'ai beau me gratter
Et le front et la gigue,
Mon Coursier ne peut trotter,
Ma Muse ne peut goûter
 La figue !

J'eus préféré, sans façon,
Amis, chanter la brigue
Don daine la brigue don
Don, que le fruit portant nom :
 La figue !

J'aimerais mieux dévorer
Je crois, tout Capefigue,

(Très peu fait pour restaurer,)
Plutôt que de digérer
   La figue !

Je ne sais quel noir Démon,
Contre ma voix se ligue ?
En dépit du double mont,
Je ne puis mettre dans mon
   bec figue !

Oui, que l'enfant du désert,
Cela se conçoit, brigue
Un tel fruit pour son dessert,
Amis, chez moi, tout dessert
   La figue !

Notre grand'mère eut, pourtant,
Des maux, brisé la ligue

Au lieu de Pomme, en mettant,
Du père Adam, sous la dent,
 La figue !

Trop tard, du péché coquet
Eve, ayant su l'intrigue,
D'une feuille se masquait
Moins pudique, Adam croquait
 La figue !

A ma boutade, à la fin,
Je dois mettre une digue,
Car j'ai traité, c'est certain,
Mon sujet, entre raisin
 Et figue !

De ce sujet, je n'attends
Que misère et fatigue,

Puis que nous pouvons céans
Mettre au rang des mendians
  La figue !

D'un rotin, bien droit, bien dur,
En fer creux de Selligue,
Caressez moi le femur
Mais je ne dis plus rien sur
  La figue !

A. SALIN.

LA PÊCHE.

Air : Tu ne vois pas, jeune imprudent.

Un fruit pour sujet de chanson,
Voilà ce que le sort me donne :
En le traitant à ma façon,
A mon élan je m'abandonne.
Et quel est ce fruit merveilleux ?
De le nommer rien ne m'empêche :
Le dessert nous l'offre en ces lieux ;
Amis, reconnaissez la pêche.

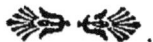

Montrant sa pourpre et son duvet,
La pêche odorante et vermeille,

Parfumait hier mon chevet ;
Et pour la goûter je m'éveille.
D'un voleur l'appétit glouton
De l'escamoter se dépêche ;
Otant mon bonnet de coton,
Je dûs déjeûner sans ma pêche.

Auprès d'un séduisant minois,
Un Dieu malin qui me réclame,
Me guide un soir en tapinois
Et me met le trouble dans l'âme.
Sans qu'à ce trouble il ait égard,
Comme un vrai goujon il me pêche ;
La belle enchaîne mon regard :
Sa joue a l'éclat de la pêche.

Tandis que nos vaillans guerriers,
A la voix du grand capitaine,
Le cœur affamé de lauriers,
Volaient du Tage au Borysthène ;

Que de fois, dans leurs fiers desseins,
Au bivouac, par des temps revêches,
Ils ont dormi sur des coussins
Rembourrés de noyaux de pêches !

On sait que l'esprit tentateur,
Voulant tromper le premier homme,
Lui fit près d'un être enchanteur,
Manger la moitié d'une pomme.
Moi, qui jamais ne méconnus
Un fruit plus doux, qui nous allèche,
Si je dois pécher, de Vénus
J'aime bien mieux goûter la pêche.

Sous les mystérieux drapeaux
Et d'Hyménée, et de Cythère,
Voyez s'enrôler tout dispos,
Le mari, le célibataire :

Fortuné celui qui d'entre eux
Va faire, en décochant sa flèche,
Son entrée au temple amoureux,
Grâce au velouté de la pèche.

Pour rendre le nombre incomplet,
Dans cet innocent badinage,
Voici mon septième couplet,
Et le souhait qu'il nous ménage :
En nos festins toujours plus doux,
Gardons-nous du vin de Campêche,
Et pour la soif réservons-nous,
Au lieu de la poire, une pêche.

Albert-Montémont

LE COING.

Air : J'arrive à pied de Province.

Le Coin, qui fut mon partage,
   N'est pas encor mûr,
C'est un fruit presque sauvage,
   Souvent sec et dur ;
Quoiqu'il me paraisse fade,
   On l'aime dit-on,
C'est surtout en marmelade,
   Qu'il est toujours bon.

Comme il faut que je dépeigne,
   Du Coin, les effets,
Je dirai qu'il sert d'enseigne,
   Aux bons cabarets.

Le buveur à l'encoignure,
Vient toujours de loin,
Pour y trouver en nature,
Le vin du bon Coin.

⊰⊠⊱

Ce fruit, sain diurétique,
Est peu savoureux,
Cependant, c'est le tonique,
Le plus généreux.
Sa forme tient de la poire,
Dite bon chrétien,
Et du ventre, il est notoire,
Qu'il est le soutien.

⊰⊠⊱

Chacun doit payer sa dette,
Ce fut de tous temps,
Mais chaque jour, je regrette,
Mes plus jeunes ans.
Alors, remplissant ma tâche,
A peu-près du moins,

Je jouais à cache-cache,
   Puis, aux quatre-Coins.

A Crotone, plein d'audace,
   Autrefois, Milon,
De ses mains, fendit sur place,
   Un chêne félon ;
Il n'eût pas connu la peine,
   L'orgueilleux Babouin,
S'il avait fendu son chêne,
   Avec un bon Coin.

Lorsqu'au temps de ma jeunesse,
   Toujours sans témoin,
Je courais, avec ivresse,
   Après tous les Coins ;
J'en vis trahissant mon zèle,
   Pour tous ceux-là... foin,
Mais pour moi, celui d'Adèle,
   Fut le meilleur Coin.

Je prise moins la richesse
Que le vrai talent,
Néanmoins, je le confesse,
Il faut de l'argent.
L'argent est l'unique source
De tous nos besoins;
Ayons-le, dans notre bourse;
Pas à fleur de Coin.

※

Les soutiens du ministère,
Ont de biens grands torts,
Dans la crainte de la guerre,
De bâtir des forts,
L'ennemi, je puis le dire,
Qui sait nos succès,
Ne craint que le Coin de mire
Du canon Français,

※

Pour bannir l'aumône en France,
Que ne fait-on pas?

Quand du peuple, la souffrance
 S'offre à chaque pas.
Tous les jours, j'ai âme émue,
 En voyant soudain
Un pauvre, au Coin de la rue,
 Me tendre la main,

⁂

Attendant ma fin dernière,
 Ferme sur l'arçon,
J'ai gravé sur ma bannière,
 Sagesse... garçon.
A présent sur cette terre,
 Du malheur j'ai soin,
Pour qu'elle me soit légère,
 Un jour dans mon Coin.

⁂

J'ai baclé ma chansonnette,
 Dans mon petit Coin,
Faites grâce à ma musette,
 A son baragouin.

J'aurais désiré l'écrire,
Comme vous ... de loin,
Pour que vous puissiez redire,
Qu'elle est du bon Coin.

Olivier père.

L'AMANDE.

Air : de la treille de sincérité.

Puisqu'on me demande
   L'amande
Chantons le fruit de l'Amandier
Sur le terrain d'un Olivier.

Le printemps à peine commence
Que l'amandier montre sa fleur ;
C'est l'emblême de l'imprudence
Le froid revient, adieu primeur !...
Mais un fruit au desastre échappe
Aussi le cueillant encor vert,
Je le dépose sur la nappe

Pour fournir mon plat au dessert...
Puisqu'on me demande etc.

Il en est de plus d'une espèce
Mais différant bien de saveur ;
L'une est d'un goût qui toujours blesse
L'autre de suave douceur !...
Ce caprice de la nature
Ne vient il pas nous avertir
Qu'ici bas il faut qu'on endure
La peine à côté du plaisir.
Puisqu'on me demande etc.

Lorsqu'elle est réduite en poussière,
Les mains, le cou de la beauté,
Retrouvent leur blancheur première
Quand l'épiderme en est frotté !...
Que de fois, triste et languissante,
Par un lait d'amandes, soudain

On a vu la plaintive amante
Rendre à ses lévres leur carmin.
Puisqu'on me demande etc.

⊱✗⊰

Sa forme est belle d'harmonie,
C'est le type du gracieux.
De plus d'une femme jolie
Elle nous retrace les yeux....
Que de volupté nous présage
De ses deux ralves, le contour ;
C'est enfin la parfaite image
De la coquille de l'amour !...
Puisqu'on me demande etc.

⊱✗⊰

Pour toutes les bouches gourmandes
Le meilleur festin est sans prix
S'il advient qu'un gâteau d'amandes
Au second service est omis....
Pour prolonger jusqu'à l'aurore

Le feu d'un délirant galop
A la danseuse il faut encor
Des amandes le froid sirop....
Puisqu'on me demande etc.

Plutarque en termes très sincères
Dit qu'un célèbre médecin
Avec cinq amandes amères
Conjurait les vapeurs du vin...
Au lieu de cinq, prenons en trente,
Avalons les sans les compter,
Et dans notre soif dévorante,
A tous vins nous pourrons goûter !...
Puisqu'on me demande etc.

En liqueur elle se distille
Elle est ou dragée ou nougat ;
Pour collier dans l'Inde ou l'enfile,
Elle y vaut là mieux qu'un ducat.

En lock, huile, acide prussique,
On peut même vous la donner,
Mais par un cour pharmaceutique,
Je crains de vous empoisonner!...
Puisqu'on me demande etc.

Au rang des amandes je place
Café, Coco, pistache, gland,
Et comme étant de même race
Cacao, marron et froment.
De chaque arbre elle est la semence ;
Ce principe de tout produit
De Dieu, résume la puissance,
Elle est à la fois graine et fruit !...
Puisqu'on me demande etc.

Dans quelque fruit que ce puisse être,
Soit a noyau, soit a pepin,
Tonjours une amande doit naître,
Tonjours on la trouve en son sein.

Aussi, dans cet instant que j'aime,
Puisque tous vous êtes des fruits,
Par mon sujet je suis moi-même
Dans le cœur de tous mes amis !...
Puisqu'on me demande etc.

Ma muse sera-t-elle heureuse ?
L'amande était douce a traiter ;
Mais comme une amande morveuse,
Va-t-on hélas, la rejeter ?...
D'un succès je quête l'offrande
Bien amer serait un échec
Le plus sec des fruits, c'est l'amande :
Ne me traitez pas en fruit sec !...
Puisqu'on me demande
  L'amande
Chantons le fruit de l'Amandier
Sur le terrain d'un Olivier.

Auguste Giraud.

LE RAISIN.

Air: de la Sauteuse.

J'aime du raisin
Voir murir la grappe jolie
Que chaque matin
Je visite dans mon jardin.
J'aime le raisin
Pour guérir une maladie
Son jus purpurin
Vaut le plus fameux médecin.
J'aime le raisin
Il formait la douce Ambroisie
Que dans un festin
Les Dieux buvaient à plein bassin.

J'aime le raisin

Dans la Grèce, à Rome, en Asie

Ainsi que Jupin

Il avait un culte divin.

J'aime de raisin

Former une pleine corbeille

Où l'enfant mutin

Commet plus d'un friand larçin.

J'aime le raisin ;

Pour remplir ma coupe vermeille

Je veux que ma main

Exprime son jus grain à grain.

J'aime le raisin

Lorsque sa liqueur nous colore,

C'est pour le chagrin

La poudre de Perlimpimpin.

Enfant tout benin,

Henri quatre que l'on adore

Reçut du raisin

Jadis un breuvage enfantin.

J'aime le raisin

J'en veux tresser une couronne
   Où rose et jasmin
Se mêleront au romarin.
   C'est grâce au raisin
Ornant les cheveux d'Erigonne
   Qu'un air libertin
Rend son coup d'œil plus assassin.
   Lorsque du raisin
Une beauté mord à la grappe
   Certain Dieu malin
S'en réjouit d'un air calin.
   Son arc anodin
Se détend ; la flèche s'échappe
   Et grâce au raisin,
La beauté succombe à la fin.
   J'aime le raisin !
Quels plaisirs au sein des Vendanges !
   Plus d'un Tabarin,
Avec pipeaux et tambourin,
   A danser enclin,
Conduit les joyeuses phalanges,

Avec son voisin
On répéte un joyeux tin-tin....
Mais en mon chemin
Il faut pourtant que je m'arrête
Mon pâle burin
Ecrit trop mal sur le raisin !...
Pardonnez enfin,
Si pour tribut à cette fête
Pauvre bavardin,
J'apporte un si mauvais raisin.

GAGNEUX.

LA PRUNE.

Air : du Verre.

Les mots donnés sont un abus,
Du diable si l'on m'y rattrape !
Ma muse est fille de Bacchus
Et ne veut mordre qu'à la grappe :
Tout autre fruit m'est défendu,
Tout autre sujet m'importune,
Anacréon se fut pendu,
Plutôt que de chanter la Prune.   (bis.)

Moi, lorsqu'il s'agit de rimer,
Qui prends feu comme une allumette,
Je n'ai pas encor pu former
Le noyau de ma chansonnette :

Sans ce noyau nous restons courts,
Chansonniers, hommes de tribune,
C'est le principe du discours,
Comme il est celui de la prune.

Amant, je puis chanter la fleur
Qui pare le sein de ma belle,
C'est plus galant et plus flatteur
Que de chanter la mirabelle.
Je rimerais tout de travers
Une donnée aussi commune,
Certain que je suis que les vers
Font beaucoup de mal à la Prune.

J'entends dire à la faculté
Que ce fruit des plus agréables,
Psen trop grande quantité
Produit des effets déplorables :
Vous dont l'estomac de moineau
Redoute une telle infortune,

N'oubliez pas que le pruneau
Est moins perfide que la Prune.

Mais nonobstant cet argument,
Dut-on succomber sur la place,
Il en est qu'en certain moment
Il faut braver avec audace :
Et feu le maréchal Mouton,
Ainsi que le maréchal Brune,
N'auraient jamais eu leur bâton,
S'ils avaient craint certaine Prune.

Il en est une qui surtout
Fait les délices de nos tables,
Qui charme les yeux et le goût
Des convives insatiables.
Pour prouver que ce fruit lui plut,
Malgré son rang et sa fortune,

Une reine autrefois voulut
Donner son nom à cette Prune.

❧ ❧

Des hommes, par ambition,
Et chez nous cette espèce abonde,
Ont manqué leur vocation
En voulant briller dans le monde :
Certe ils courraient moins de hazards
Si, sans sortir de leur commune,
Au lieu de cultiver les arts,
Ils avaient cultivé la Prune.

❧ ❧

Comme je ne suis pas expert
En fait de fruits et de culture,
Je crains que ce plat de dessert
N'amène ma déconfiture.
Auprès du divin Apollon,
Dont je redoute la rancune,
Je passerai pour un melon
Pour m'être escrimé sur la Prune.

EUGÈNE. DÉSAUGIERS.

LA MURE.

Air : du Verre.

Dans ce banquet frère Olivier
Désire, amis, que je vous chante
La douceur du fruit du mûrier
Et sa vertu rafraîchissante.
J'aurais voulu sur ce sujet
Vous faire ici bonne mesure ;
Mais, par malheur, le trois juillet,
La mûre n'est pas encore mûre.

Pline veut qu'on mange ce fruit
Aussitôt qu'on se met à table ;
Horace, non moins érudit,
Le trouve au dessert délectable.

Comme il altère promptement,
(Du moins c'est Pline qui l'assure), (¹)
Horace en était très friand,
Le vin lui fit aimer la mûre.

Avant Pyrame, avant Thisbé,
Il n'était point de mûre noire ;
Leur sang sur le mûrier tombé
Y fit l'effet d'un écritoire.
Vous alliez au bois sûrement,
Thisbé dans votre ardeur si pure,

(¹) Selon Pline les mûres altèrent et causent des gonflemens, et il faut prendre d'autres alimens après les avoir mangées. En cela il n'est pas d'accord avec Horace qui pretend que pour vivre long-temps il faut les manger à la fin du diner.

Ille Salubres.

Æstates peraget, qui nigris prandia moris
Finiet antè gravem quæ legerit arbore solem.

(L 2. satir. 4.—v. 21.)

En mari changer votre amant,
Et non pas pour cueillir la mûre.

※

Deux fraises aux jolis contours
Se cachent sous d'amples parures ;
Chez nous l'amant presque toujours
En est réduit aux conjectures.
Rejetant ces voiles jaloux,
L'Africaine, à noire ceinture,
Livre aux baisers de son époux
L'ébène d'une double mûre.

※

Mûrier, tes produits sont féconds,
Et sur ta généreuse feuille,
L'insecte file les cocons
Que l'industriel y recueille.
Lorsqu'on voit ces tissus soyeux
Qui font si bien une tournure,

Mes Dames, quel arbre vaut mieux,
Que l'arbre qui porte la mûre ?

Fille avec ses douze printemps
Est un fruit vert qui nous agace ;
Femme dans l'hiver de ses ans
Est un fruit amer qui nous glace.
Le milieu plaît à l'esprit droit,
Surtout en cette conjoncture ;
Prenons donc femme qui ne soit
Ni pas assez, ni pas trop mûre.

CH. FOURNIER.

REQUÊTE DE LA FRAISE

A l'assemblée des fruits.

Air : A toi pauvre petite. (de Festeau)

A moi, pauvre petite,
Fraise au parfum si doux,
Nobles fruits, donnez vite,
   Donnez-moi vite
Une place chez vous.

Mon espèce est bâtarde
J'en conviens, sans dépit,
Pourtant je me regarde
Comme herbe portant fruit...

Dans les plantes sur couche
Me classent les savans;
Je leur ferm la bouche
Pour peu qu'ils soient gourmands.
A moi. etc.

Pêche, abricot et prune
Se vendent à haut prix;
Je laisse l'infortune
Me surprendre gratis:
Quoique plante rampante,
Je pourrais vous prouver,
Qu'à la table opulente
Je sais bien m'élever !
A moi, etc

Je ne suis pas sournoise !...
Lorque, sans me froisser,
Je laisse la framboise
Près de moi se glisser,

Gourmet tu me convoites
Ton choix prouve un bon sens,
Dans les petites boites
Sont les meilleurs onguens !...
  A moi, etc

Je parais misérable
Au fruit né d'un rameau:
Qu'il apprenne la fable
Du chêne et du roseau.
Sous mes feuilles, j'évite
L'éclat brûlant du jour;
Ainsi le vrai mérite
Cherche un obscur séjour !...
  A moi, etc.

Quand l'hiver se retire,
Ma fleur en paraissant,
Semble à toute autre dire:
Tu peux en faire autant.

Des fruits à forme altière
Fait-on plusieurs moissons ?
Moi, je viens la première
Et vois quatre saisons.
A moi, pauvre petite,
Fraise au parfum si doux,
Nobles fruits donnez vite
   Donnez moi vite,
Une place avec vous.

AUGUSTE GIRAUD.

RÉCLAMATION

des Fraises

sur leur exclusion du repas donné par M. OLIVIER PÈRE ;

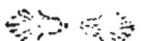

Air : Jardinier ne vois-tu pas ?

 Olivier, ne vois - tu pas
 Q'aujourd'hui tu nous lèses,
 Ton programme exclut, hélas !
 De ce t aimable repas,
  Les fraises.   (ter.)

Dans l'ignoble potager,
Un faiseur d'hypothèses
Méchamment vint nous ranger;
Contre lui vont s'insurger.
    Les fraises.

Nous pouvons sans vanité
Nous croire peu mauvaises,
Car un dessert bien monté
Se pare, avec équité,
    De fraises.

Des poëtes délicats
Dans leurs tendres fadaises,
De nous font le plus grand cas,
Ils célèbrent les apas
    Des fraises.

Par la pomme au Paradis
Adam perdit ses aises:
C'est les perdre à peu de prix;
Un vrai gourmand aurait pris
  Des fraises.

Où s'en vont en tapinois,
Ces gentilles niaises?
Sans craindre un amour sournois,
Elles vo nt cueillir au bois
  Des fraises.

Notre fruit jadis brillait
Dans les serres françaises,
Le grand Roi nous estimait;
Versailles se parfumait
  De fraises.

Naguère on nous accusait
De causer des malaises;
Mais le vin nous protégeait,
Et tout buveur s'arrangeait
Des fraises.

Cruel, à nous outrager
Il faut que tu te plaises.
Bien loin de les protéger,
A présent tu vas manger
Des fraises. (')

JUSTIN CABASSOL.

(') Les fraises n'étaient pas exclues de la table, mais elles l'étaient des chansons qui devaient célébrer tous les fruits.

LA FRAISE.

Air : Des fraises,

A cet aimable couvert
J'suis fier d'avoir ma chaise:
Quel bon diner m'est offert !
Mais j'vois qu'il manque au dessert.
  La fraise. (ter)

J'aime ce fruit délicat,
Je l'dis sans paranthèse;
Voyez de quel incarnat
Se colore avec éclat,
  La fraise.

Si quelqu'un voulait nier
Qu'elle est un fruit; — qu'il s'taise;
On sait, sans être sorcier,
Qu'on nomme l'fruit du fraisier...
    La fraise.

Quelqu' fois ell' n'est pas un fruit,
Ça n'empech' pas qu'ell' plaise;
J' sais un morceau qui m' séduit.
J' aime quand du Veau, se cuit
    La fraise.

Quand j' vois Lis' mon cœur est plein
D'un amour chaud comm' braise !
Je la caresse à dessein,
Pour savourer sur son sein
    La fraise.

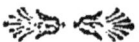

Au près des bell' si j'donn' cours
A maint' joyeus' fadaise,
Moi je chiffonne toujours,
Parmi tant de vains atours,
    La fraise.

***

Nos fortifications
Sont vraiment chos' niaise !
J'attends de nos bataillons
Plus qu' ne f'ra d' nos bastions,
    La fraise.

***

J'ai vu la mer quelquefois
D' ses flots battr' la falaise ;
Mais j'aime mieux quand je vois
Cueillir, au milieu des bois,
    La fraise.

Si ma femm' prête à faillir,
C' qui n'est qu'une hypothèse,
S' laissait.. je m' sens tressaillir,
Certes j' n'irais pas cueillir
  La fraise.

Sans être bon jardinier,
Je suis vraiment bien aise,
D'avoir, pour plat d'mon métier,
Fait v' nir aux pieds d' l'Olivier,
  La fraise.

GAGNEUX.

ENCORE UN OUBLI.

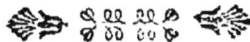

Air : Soldat français, né d'obscur laboureur.

En vérité, je ne sais pas pourquoi,
Parmi les fruits que produit notre France,
Il en est un par vous mis hors la loi,
Avez-vous donc méconnu la Provence?
La Fraise, amis, on ne peut le nier,
Vient de trouver plus d'un digne interprète.
   En vain on voudrait l'oublier,
    O toi, séduisant Olivier,
   Ton nom s'unit à cette fête.

F. DE CALONNE,

TROISIEME BANQUET

DONNÉ A PARIS

Le 20 août 1842.

par M. Veissier des Combes.

LES ANIMAUX DOMESTIQUES

COUPLET D'OUVERTURE.

Air : Mon Galoubet.

C'est un lapin, (bis.)
Que notre joyeux de Calonne,
Il est ferme et droit comme un pin,
Il est du Caveau la colonne,
Qu'il préside ici, qu'il ordonne,
C'est un lapin. (quater)

Veissier des Combes.

RÉPONSE.

Air : De ma Céline, amant modeste.

Notre cheval pourra peut-être
Contester mon élection,
Disant que le sort l'a fait naître
D'une plus noble extraction :
Mais qu'il l'approuve ou la condamne,
Je me soumets à votre choix :
Quant à voir présider un âne,
Ce n'est pas la première fois.

F. DE CALONNE.

LA VACHE.

Air : Du piège ou du verre.

Pour sujet de chanson le sort
M'assigne un mot peu poétique;
De la règle commune il sort.
Le succès est problématique.
N'importe : à ce mot un peu laid
Une moralité s'attache :
Au village et dans le chalet,
Il n'est rien de tel que la vache.

Nous savons que l'antiquité
Fêtait le soc de Triptolème;
On vit de la fécondité
La vache devenir l'emblème.

L'Egypte avait eu son Isis,
Argos son Io, que l'on cache;
Fille d'Agénor, tu choisis
Pour guide un amant de la vache.

Aux yeux d'un procureur adroit,
Plus d'un sot devient, en affaire,
Une vache à lait qu'à bon droit,
Sa ruse attire dans sa sphère.
D'Eglé la taille s'arrondit,
Et sa mère un matin se fâche :
De cette algarade interdit,
Blaise avec le veau prend la vache.

Au brûlant pays des Indoux,
Que fertilise l'eau du Gange,
Il est un usage assez doux,
Et qui dans aucun tems ne change.

A la pagode est conservé
Un animal pur et sans tache ;
Et le sanctuaire est lavé
Avec ... un produit de la vache.

Il vous souvient de ce prélat,
Encore en honneur au saint temple,
Dont la vie était sans éclat,
Et qui toujours prêcha d'exemple.
Des malheureux avaient perdu
Leur Io, qu'au pré l'on détache :
Un soir, leur bien leur est rendu ;
Fénélon ramène la vache.

Toi qui de ce vaste univers
Prétends sonder tous les rivages,
Et connaître les us divers
Des humains polis ou sauvages ;

Va donc de tes hardis vaisseaux
Faire au loin flotter les panaches :
Envahis l'empire des eaux :
Laisse-moi le plancher des vaches.

Henri quatre, ce vert galant,
Avait, dans sa sollicitude,
Imaginé l'écu brillant
Dont parle encor la multitude.
Un jour Lisette à l'abandon
S'oublie avec le jeune Eustache :
Pour l'apaiser il lui fit don
De deux beaux écus à la vache.

Voyez, par différens chemins,
De l'air, bravant l'intempérie,
Français, Belges, Russes, Germains
Voyager en messagerie :

Grace à ce moyen de transport,
Qui les sauve de la patache,
Ils voguent joyeux vers le port,
Leurs effets cachés sous la vache.

Un fléau dont l'humanité
Longtems ressentit le dommage,
N'est plus l'effroi de la beauté
Dont il défigurait l'image.
A ce fléau souvent décrit
Quel secret pouvoir nous arrache ?
Le bon Jenner le découvrit
Au flanc nourricier de la vache.

L'homme qu'éprouvent les malheurs,
Mange de la vache enragée ;
Comme vache espagnole, ailleurs,
Parle une mégère insurgée.

A nos lionceaux concédons
Bière et tabac, rhum et pistaches;
Mais pour nos déjeuners gardons
Le beurre et le lait de nos vaches.

Albert-Montémont,

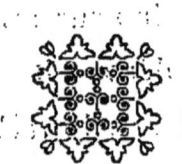

LE LAPIN.

Air : Mon Galoubet.

C'est un lapin.   (bis)
Que je vous offre à ma manière ;
Chacun en prendra son lopin ;
Je suis sûr de ma cuisinière,
Ce n'est pas un chat de gouttière,
    C'est un lapin.   quater)

C'est un lapin.
Mais non pas de race cadette ;
Il est tout parfumé de thym,
La Garonne fut sa retraite ;

Voyez-vous sa queue en trompette?
C'est un lapin.

C'est un lapin,
Disait un soir Eléonore,
En m'attirant au magasin,
Quand j'en sortis après l'aurore,
Elle disait bien mieux encore :
C'est un lapin.

Vîte un lapin,
Allons, monsieur, montez de grâce,
Et nous filons pour Saint-Germain,
J'ai sur mon siège bonne place :
Voyez madame qui s'efface ;
Vîte un lapin.

Ce bon lapin
Qu'on vous servit en gibelotte.

En amour était un lutin.
Il avait toujours la marotte
De se terrer sous une cotte,
    Ce bon lapin.

    Prends mon lapin,
Me disait tout bas ma voisine,
Me voyant la femelle en main,
Car c'est vainement qu'il badine,
Que peut-il faire sans lapine ?
    Prends mon lapin.

    Fi du lapin !
Qui même auprès d'une fillette,
Toujours se trompe de chemin,
Que ce héros de la manchette,
Soit enterré sous la poudrette!
    Fi du lapin!

Jeannot lapin,
Fut proscrit de sa métropole,
Par la belette, un beau matin,
Mais aujourd'hui changeant de rôle
Qui proscrit même la parole?...
Jeannot lapin.

Ce vieux lapin,
Sera trouvé par vous peut-être,
Bien étique, dans ce festin.
S'il vous déplait, avec son maître,
Vous pouvez bien envoyer paître
Ce vieux lapin.

Veissier des Combes.

LE BOEUF.

Air : Vaudeville d'une heure de folie.

C'est à moi de chanter le bœuf,
Tel est du sort l'arrêt suprême ;
Mais ce sujet qui n'est pas neuf
Me cause un embarras extrême.
Car depuis six mille ans déjà
Que d'auteurs en ont fait leur thème
Adam, saint Luc et cætera,
Et de nos jours, Buffon, Carême.

Du Bœuf, dans Buffon, nous trouvons
Une description complète,

Dans Carême les cent façons
Dont pour le manger, on l'apprête.
Et que diraient mes faibles chants?
Quand leur savante main burine
L'histoire, l'un, du Bœuf aux champs,
L'autre du Bœuf dans la cuisine.

D'ailleurs, l'estomac creux, je sens
Qu'aujourd'hui mon esprit radote
Et que pour renforcer mes sens
D'un Bœuf il me faut la culotte.
Puis une cervelle de veau
Pour rendre la mienne plus tendre,
Sa langue pour mon chant nouveau,
Une oreille à vous, pour m'entendre.

Mais une fois bien restauré,
Allons, ma muse, tiens toi prête

A chanter un hymne sacré,
C'est Apis, un Dieu que je fête.
Oui l'Egypte, ô Bœuf bienfaisant,
Avec raison te divinise,
Tu nous donnes le blé, vivant,
Et, mort, une viande exquise.

Mais des champs humble serviteur,
Tu servis de nobles usages,
Trainant le char triomphateur
Rome te rendit des hommages ;
Plus tard d'un pas tranquille et lent
Tu trainais, d'or la tête ceinte,
Le char du monarque indolent
De Paris parcourant l'enceinte.

Oui que cent modes aient leur tour,
Qu'au grec succède le gothique ;

Qu'à la renaissance en ce jour
Le pompadour fasse la nique.
Qu'en parures, qu'en vêtements,
Sans cesse on change de méthode,
Seul, bravant tous ces changements,
Tu resteras, Bœuf, à la mode.

Du Bœuf, cet être intéressant,
Je n'ai fait qu'un dessin comique,
Quand l'un de nous, auteur charmant,
En eut fait le panégyrique.
Aussi de l'oie, au cri sauveur,
J'aurais du laisser la parole;
Ce cri, du Bœuf sauvait l'honneur,
Comme il sauva le Capitole.

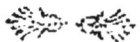

Le Baron Didelot.

L'ANE.

Air: de la Treille de sincérité.

De l'âne,
Qu'à tort on condamne,
Je vais dire les qualités;
Prêtez l'oreille et profitez.

Dans l'histoire de la nature,
Buffon n'a pas traité trop mal
L'âne qu'on traite avec injure
De lourd et stupide animal.
Ayons pour lui de l'indulgence,
Par égard pour le genre humain ;
Combien de gens, en conscience,
Qui pourraient lui donner la main!
De l'âne....

Voyez le dans une prairie
Se livrer à de doux ébats,
Lors même que, par barbarie,
On l'a surchargé de deux bâts.
C'est qu'il a terminé sa tâche,
Mais combien d'êtres paresseux
Sont, dans leurs instans de relâche,
Au collège bien moins heureux !
  De l'âne.

Sur un âne, nous dit l'histoire,
Loin de pressentir ses douleurs,
Jésus s'avançait avec gloire,
Dans Béthléem jonché de fleurs.
Aussi chaque âne, en souvenance
D'un si grand honneur, je le crois,
Et pour rappeler sa souffrance,
Porte sur son dos une croix.
  De l'âne.

L'écriture dit qu'un prophète
Vit avec surprise autrefois
Son ânesse lui tenir tête,
Et d'un ange prendre la voix.
Ce qui prouve encor que les hommes
Dont on exalte le savoir,
Pourraient, même au siècle où nous sommes,
D'un âne apprendre leur devoir.

De l'âne.

De notre fameuse Pucelle,
L'âne, par Voltaire chanté,
Sentait, pressé par cette belle,
L'aiguillon de la Volupté.
Fier de lui servir de monture,
J'aurais voulu, comme Chandos,
Un instant changer de figure,
Pour porter Jeanne sur mon dos.

De l'âne.

On vantait devant une femme
La science de son époux ;
Ne croyez pas, disait la dame,
Que j'en sois charmée, entre nous.
A composer un grand ouvrage,
Il s'épuise le jour, la nuit ;
Un âne ferait, je le gage,
Plus de besogne et moins de bruit.

  De l'âne.

Si l'on voit, malgré sa finesse,
L'âne souvent s'appesantir,
C'est que l'homme cherche sans cesse
A l'accabler, à l'abrutir.
Mais nous rencontrons par la ville
Plus d'un badeau, le nez au vent,
S'arrêter, se mettre à la file,
Pour admirer l'âne savant.

  De l'âne.

Sur peau d'âne, de Lafontaine,
Vous connaissez le mot charmant;
Et l'âne d'or vaut bien la peine
Qu'on lui sacrifie un moment.
D'une foule d'ânes encore
Je vous dirais bien les succès,
Mais à ceux que le monde honore,
Ce serait faire le procès.

De l'âne.

Je dois parler de ses oreilles
Dont on critique la longueur;
J'en voudrais bien voir de pareilles
A plus d'un roi, d'un grand seigneur.
Si par quelque métamorphose,
Ils en avaient, comme Midas,
Ils entendraient plus d'une chose
Qu'on n'ose dire que tout bas.

De l'âne.

Permis à vous, doctes poètes,
De me donner une leçon !
Les charmans couplets que vous faites
Font, ici, pâlir ma chanson.
Vous répondriez au profane
Qui prétendrait vous redresser,
Ami, le coup de pied de l'âne
Ne saurait jamais nous blesser.
  De l'âne,
Qu'à tort on condamne,
Je vous ai dit les qualités,
Prêtez l'oreille et profitez !

F. DE CALONNE.

LE DINDON.

Air: Oui, l'or est une chimère.

Ici, ma muse badine,
Sans redouter maint lardon,
Plein du feu de la cuisine,
Va célébrer le Dindon.   (bis)

   Parait-il? quel délire!
On n'est point heureux à demi :
   On l'entoure, on l'admire,
On croit retrouver un ami.
     Ici etc.

Du soir jusques à l'aube,
Le Dindon charme l'appétit,

Soit qu'on le serve en daube,
Soit qu'on le présente rôti.
Ici etc.

De sa chair si divine
Se délecte maint-Lucullus :
Il plait en galantine,
Il séduit farci dans son jus.
Ici etc.

De Paris jusqu'à Tarbes,
De Tarbes jusques à Lisieux,
On se torche les barbes
De son croupion savoureux.
Ici etc.

Dieu, qui n'est pas Tartuffe,
Dans sa sagesse fit, dit-on,

Le Dindon pour la truffe,
Et la truffe pour le Dindon !
Ici etc.

O ma piquante amie,
Broche, tourne, tourne toujours ;
A tes soins je confie
Le tendre objet de mes amours.
Ici etc.

Léda, gentille dame,
S'éprend d'un cygne caressant.
J'aurais compris sa flamme
Pour un Dindon appétissant.
Ici etc.

Rome, au malheur en proie,
Dut son salut à maint oison :

Le Gaulois, grace à l'oie
De la farce fut le Dindon.
Ici etc.

Les Jésuites en France
Ont bien su réparer leurs torts,
Ils ont prôné, je pense,
Les Dindons par esprit de corps.
Ici etc.

Quand tout Paris s'arrache
Les Dindons à la saint-Martin,
On croit voir de Gamache
La noce et le joyeux festin !
Ici etc.

Qu'un autre se rebêque
Contre la thiare et ses joyaux ;

Pour un bonnet d'evêque
Je donnerais tous mes chapeaux.
  Ici etc.

＊

Des Ministres capables,
Du pouvoir posant les jalons,
 S'en vont dressant leurs tables.
On y verra bien des Dindon !
  Ici etc.

＊

Nous avons des poulettes
Qui savent croquer des chapons;
 Nous avons des coquettes
Qui savent plumer des Dindons.
  Ici etc.

＊

Josaphat, ta vallée
A des morts porteurs de grands noms;

J'aime mieux la vallée
Ou l'en rencontre des Dindons.
Ici etc.

Piquons dans nos bluettes
Les sots, les grands, les bridoisons ;
Piquons dans nos assiettes
Canards, poulardes et Dindons !
Ici ma Muse badine,
Sans redouter maint lardon,
Plein du feu de la cuisine,
A célébré le Dindon.

Justin Cabassol.

LE COCHON.

Air : La Mère Camus.

Vive, vive à jamais l'cochon!
Comme moi-même,
Je l'aime,
Vive à jamais l' cochon!
D' la tête aux pieds tout en est bon.

Que d' fous à coups de poings s' livr' bataille,
Vers'nt leur sang, pour n' fair' rien qui vaille,
L' cochon du moins en vrai malin
N' donn' son sang que pour fair' du boudin.
Vive, vive, etc.,

L'ancienn' Troï r'çut sa renommée
D'Hélène, par Pâris aimée,

Là Troi' qu'en Champagn' nous avons,
Doit la sienne aux hures d' cochons !
  Vive, vive, etc.

S' fier aux bonn' gens qui s' dis'nt sincères,
C'est viande creuse, ironies amères :
J' dis, et j'ai des motifs fort bons,
Qu' faut mieux compter sur des *Jambons.*
  Vive, vive, etc.

Les beaux arts, les scienc' à la ronde
Ont de ferm' soutiens dans ce monde,
Grace au cochon, soit dit sans fard,
On a des amateurs de *lard*
  Vive, vive, etc.

J' veux, sans inutiles harangues,
Mettre à profit l'étud' des langues,

Et j'offre aux dam' en homme galant,
La langu', fourré', qu'ell's aiment tant.
>   Vive, vive, etc.

La vie est l'immense rivière
Où chaqu' femm' pêche à sa manière,
Mon Dieu ! que l'homme est *sot si son*
Cœur se laiss' prendre à leur hameçon.
>   Vive, vive, etc.

Il faut bien confesser qu' les belles,
Ne nous sont pas toujours fidèles,
Aussi, pour nous venger, cherchons
A leur jouer d' bons pieds d' cochons.
>   Vive, vive, etc.

Si vous aimez les andouillettes
Comm' j'aim' cerv'las et crépinettes,
Pour vivre en bons amis, sachons
Ensemble garder les cochons.
 Vive, vive à jamais l' cochon !
 Comme moi-même,
 Je l'aime,
 Vive vive à jamais l' cochon !
 D' la tête aux pieds tout en est bon.

GAGNEUX,

LE CANARD.

Air : Amusez-vous, jeunes filles.

A ma musette gallicane,
L'amitié n'offre pas en vain,
Le morceau de sucre de canne,
Imbibé d'un café divin.
Le moka saluant sa coupe
D'un parfum plus doux que le nard,
Dans son élegante soucoupe,
Veissier me gardait un canard.

Mais c'est l'habitant de nos rives
Que doivent traiter mes couplets;

Celui que l'on couvre d'olives,
Ou qu'on entoure de navets.
Pour l'oiseau que le sort me lègue,
On me dit d'un ton goguenard ;
Au lieu de sucre, cher collègue,
Il faut du sel dans ton canard.

Tu peux chanter, grand politique,
Notre monde civilisé ;
Mais foin du canard domestique
Dans l'eau bourbeuse apprivoisé !
Peu m'importe son beau plumage,
Quand on m'en découpe une part ;
Je retrouve dans le sauvage,
Les mœurs et le goût du canard.

Il reçut de l'auteur du monde,
(De pareils dons, je serais fière),

Des pattes pour nager sur l'onde,
Des ailes pour voler dans l'air ;
Sur les eaux qu'il effleure à peine,
J'aime à le suivre du regard;
Sur ce fleuve qui tout entraîne,
Qu'on est heureux d'être Canard !

Le coq à beau lever la crête,
Sur le fumier de son réduit,
L'humble canard fait, sans trompette
Plus de besogne et moins de bruit.
Tandis que la poule cancane
Autour de son sultan criard,
En silence la tendre canne
Est heureuse avec son Canard.

Quand vous baillez aux alouettes
Que Juillet devait vous rôtir,
Avec des filets... de gazettes,
Badauds, on prétend vous nourrir,

Convenez, gens qu'on voit s'ébattre
Sur nos quais et nos boulevarts,
Que la poule au pot d'Henri-Quatre
Etait préférable aux Canards.

Souvent par de secrètes voies
Au bonheur on est arrivé,
De Rome jadis par des oies,
Le Capitole fut sauvé.
Chers amis, par le temps qui vole,
(Ce n'est pas celui des Césars),
Croyons que notre Capitole
Sera sauvé par des Canards.

Chasseurs, sans adresse et sans force,
Le Canard te donnait beau jeu !
On n'a vu briller qu'une amorce,
Ma Canardière a fait long feu.

J'ai voulu boire à la fontaine,
Où s'est désaltéré Panard,
Et dans les eaux de l'Hyppocrène
J'ai barbotté comme un Canard.

JACQUEMARD.

L'OIE.

à ⬚

Air : de l'Angelus.

Sur l'Oie on attend maint couplet ;
En essayer serait folie,
Le mot ainsi que le sujet,
Sont trop loin de la poésie.
Pourtant je ne puis l'oublier,
C'est par elle qu'on peut écrire :
Entre les mains du chansonnier
Ta plume, oiseau, vaut une lyre !...

Quand tu voles aux pays froids
Unie à tes sœurs fugitives ;
Chez nous l'hyver perd tous ses droits,
Les fleurs renaissent sur nos rives...

Quand tu reviens, si ton aspect
Prédit le deuil de la nature,
La frileuse, sous ton duvet
Des frimas peut braver l'injure.

Tu nous prodigues l'édredon
Si précieux au doux mystère,
A jeune épouse, à frais tendron,
Il fait oublier la fougère.
Témoin des plus tendres sermens,
On ne craint pas qu'il les révèle ;
Pourquoi ce trône des amans
Reçoit il aussi l'infidèle ?...

Avec des ennemis malins
Les murs sont une faible entrave ;
Sans tes cris l'aigle des Romains
Du coq gaulois était l'esclave !...

Malheur aux peuples endormis
Près des remparts où l'on s'immole ;
Il faut, pour sauver son pays,
Toujours veiller au Capitole !...

A la table d'un grand seigneur
Si ta chair n'est jamais admise,
Pour fêter un jour de bonheur,
Le pauvre en famille te prise...
Blasé sur tout, le financier,
L'ortolan même il le délaisse ;
Mais la gaîté du savetier
S'allume au fumet de ta graisse.

Que dis-je ? à la table d'un grand
Ton foie en des pâtés se glisse ;
Mais cet honneur que l'on te rend
Te vaut le plus cruel supplice...

Promethée eut le même sort,
Un vautour rongea son viscère !
Les vautours qui causent ta mort
Sont de l'espèce financière !...

Pour faire croître les cheveux
Hélas ! plus d'une graisse est vaine ;
Je crois qu'on réussirait mieux
Si l'on se servait de la tienne....
Comme la bêtise est ton lot,
Un jour, par homéopathie,
Ta graisse sur le front d'un sot
Pourrait imprimer le génie.

On raconte que de Boileau
Ton bec, en un jour de colère,
Trancha, comme avec un couteau,
L'objet qui permet d'être père...

Cet acte fut des plus méchants,
Mais le lecteur t'en remercie,
Boileau fit passer dans ses chants
Toute sa virile énergie.

Frère Philippe te nomma
Quand son fils, innocent dans l'ame,
Lui dit : qu'est-ce donc que cela?
En apercevant une femme...
Mais la ruse est hors de saison
Lorsque, d'un cœur, l'amour dispose :
Le père eut beau changer le nom,
Le fils ne pensa qu'à la chose.

A ce jeu qui porte ton nom
L'enfant trouve un plaisir extrême !
Le sage y puise une leçon
Dont je vais profiter moi-même !

Mes vers sont à mettre au rebut,

Quand j'osais n'avoir rien à craindre :

Ainsi l'on s'éloigne du but

Au moment où l'on croit l'atteindre !...

A. Giraud.

LE CHEVAL.

Air : De la Treille de sincérité.

Du Pôle arctique
A l'antarctique,
Sur tout le globe en général,
Je ne connais pas d'animal
Plus malheureux que le Cheval.

A peine au sortir de l'enfance
Il se donne un mal infini;
Son zèle égale sa puissance ;
J'en prends à temoin Franconi
Et le Jockei-Club réuni :
Tout à la pitié qu'il inspire,
Quand un homme a beaucoup de mal,

N'a-t-on pas l'usage de dire
Qu'il fait un métier de cheval?

  Du Pôle arctique etc.

L'Étalon au quel rien ne manque,
En sortant d'un haras royal,
S'il tombe aux mains d'un saltimbanque,
Descendra de son piédestal,
C'est l'homme qui fait l'animal.
Ce Bucéphale que l'on vante
 Et qu'Alexandre avait dompté,
Serait l'égal de Rossinante,
Si Don-Quichotte l'eut monté.

  Du Pôle arctique etc.

Malgré l'ardeur qui le transporte,
Je mets en fait que tel guerrier
Ne doit les lauriers qu'il remporte
Qu'à la fongue de son coursier
Qui brave le plomb meurtrier :

Au retour le soldat qu'on fête
Reçoit des honneurs superflus,
Lorsque souvent la pauvre bête
N'a pas un picotin de plus ! ! ! !
   Du Pôle arctique etc.

Son intelligence est notoire,
Puisque par un heureux calcul
Caligula, nous dit l'histoire,
Sans s'inquiéter du cumul,
Avait nommé le sien Consul.
Aussi je vous le dis en face,
Je vois des écuyers obtus
Qui seraient bien mieux à leur place
Sous cet animal que dessus.
   Du Pôle arctique etc.

Son œil brille, son sang bouillonne,
Mais rien n'égale sa douceur,

Et sous le fouet qui l'aiguillonne,
S'il vient à causer un malheur,
Gardons nous d'accuser son cœur.
Que d'animaux dans la nature,
Bipèdes privilégiés,
Qui ne trainent pas de voiture
Et qui foulent tout à leurs pieds !
  Du Pôle arctique etc.

Tout indépendants que nous sommes,
Nous conviendrons sans contredit,
Que plus on élève les hommes,
Plus leur autorité grandit
Et plus ils gagnent en crédit.
Mais du sort telle est l'inconstance
Que le cheval le mieux tourné
Perd son éclat et sa puissance
Aussitôt qu'il est couronné !
  Du Pôle arctique etc.

Le Porc ce quadrupède immonde
Le plus laid qui soit sous les cieux,
Lorsqu'il est sorti de ce monde,
Est un manger délicieux
Qui charme le goût et les yeux:
Le Cheval loin qu'il affriande,
Lorsque ses jours sont terminés,
Si l'on nous servait de sa viande,
Nous nous croirions empoisonnés.
 Du Pôle arctique etc.

Avant de finir cette antienne
Que je veux épuiser à fond,
Souffrez que je vous entretienne
Du coursier de Bellérophon
Qui n'est pas cité dans Buffon :
Moi qui fais ici de la phrase
Je vous dirai sans balancer
Que souvent j'éreinte Pégase,
Sans pouvoir le faire avancer.

Du Pôle arctique
A l'antarctique,
Sur tout le globe en général,
Je ne connais pas d'animal
Plus malheureux que le cheval.

Eugène Désaugiers.

LE MOUTON.

Air : De la robe et des bottes.

Le bon Mouton, voilà ma bête,
Et j'en suis vraiment satisfait,
Je l'aime des pieds à la tête,
Et je dévore son filet.
J'en conviens, jamais je n'en mange,
Que ce ne soit en vrai glouton,
N'importe comment on l'arrange,
Je m'accomode du Mouton.   (bis)

Quand nos champs n'ont plus de verdure,
Quand le froid vient à nous saisir,

Avec son épaisse fourrure,
Nous savons nous en garantir.
De sa laine une couverture,
Vaut mieux qu'une autre de coton,
Et sa peau forme la chaussure,
De plus d'un petit pied mignon.

Hôte des bois, de la montagne,
Il vit et bondit dans les champs,
Toujours privé d'une compagne,
Tous ses plaisirs sont innocens.
De Paris, l'auguste Patronne
L'eut pour fidèle compagnon,
Dieu mit l'honneur de sa personne
Sous la garde de son Mouton.

Doux symbole de l'innocence,
Le Mouton est toujours rêveur,

Il traîne sa courte existence,
Avec sa bonté, sa douceur.
A qui va lui couper la gorge,
Il ne saurait pas résister,
Et sous le glaive qui l'égorge,
Lui-même, il va se présenter.

Si l'homme, par un sacrifice,
Veut communiquer avec Dieu,
Le Mouton ou bien la Génisse,
Sont les victimes de son vœu.
S'il en reçoit la récompense
Des bontés du père Eternel,
C'est que le sang de l'innocence,
Peut seul arriver jusqu'au Ciel.

Don précieux de la nature,
Du pauvre et du grand estimé,

Du jour, ta graisse qu'on épure,
Pour eux, remplace la clarté.
Sur ta dépouille qu'on explore,
Grâce au sommeil, ils sont heureux,
Un autre jour, sur elle encor
Ils viennent expirer tous deux.

Enfant de Paris, je m'insurge
Contre un dicton injurieux,
Car le vrai Mouton de Panurge
Existe chez nous, en tous lieux ;
Ce Mouton si doux, si traitable,
Qui se laisse faire en effet,
C'est le pauvre contribuable,
Que l'on tond avec le budget.

Il en est un, je le confesse,
Que je ne saurais supporter.

Ce Mouton de nouvelle espèce,
Je laisse à d'autres à le chanter.
Défiez-vous, s'il vous cageole,
Car le nouveau caméléon
A son intérêt vous immole,
Sous la forme d'un vrai Mouton.

Pour louer ce bon quadrupède,
Il faut avoir un peu d'esprit,
Dans le mien n'est pas le remède,
Et vous m'en voyez du dépit.
Si pour le Mouton, ma requête,
Ne vous présente rien de bon,
Ne dites pas que je suis bête,
Aussi bête que mon Mouton.

OLIVIER (père.)

LE TAUREAU.

Air : Ah! dis-moi, mon p'tit Hippolyte.

Nous avons chanté les légumes,
Et puis les fruits rafraîchissans ;
Aujourd'hui nous taillons nos plumes
Pour des sujets plus succulens.
Du Taureau la force et la gloire
Doivent trouver place en nos chants;
Pour vous dévoiler son histoire
Je vais donc me battre les flancs.

Voyez ce roi du pâturage !
Quelle croupe aux contours parfaits!
Que son œil est fier et sauvage,
Qu'il est ferme sur ses jarrets !

De la vigueur il est l'emblème,
Aussi, l'autre jour Isabeau
Disait du grand gaillard qu'elle aime :
« Albert est fort comme un Taureau ! »

Frère généreux et sensible,
D'un frère il pleure le trépas ; (1)
Contre un rival son front terrible
Sait livrer de sanglans combats.
Près d'une tranquille génisse,
Quand ils vont tous deux s'éreintant,
On croirait voir en exercice
Le mari, la femme et l'amant.

Au sein de la voûte céleste
Le Taureau brille aux premiers rangs ;

---

(1) . . . . It tristis aratro
Mœrentem abjungens fraternâ morte juvencum.
(VIRG., *Géorg.*)

A l'ami de la vie agreste
Il rend les beaux jours du printemps.
L'orgueilleuse et noble effigie
D'un Taureau fougueux, indompté,
Décore, aux champs de l'Hélvétie,
Le drapeau de la liberté.

En une nuit, et sans chandelles,
Hercule changea lestement
En femmes cinquante pucelles ;
De ses travaux c'est le plus grand.
Morbleu ! c'est beau comme l'antique !
Pour atteindre à ce numéro,
Il faut être ecclésiastique,
Demi-dieu, baudet ou Taureau.

L'homme est, hélas ! si peu de chose
Que, pour être plus séduisant,

Jupiter se métamorphose,
Un beau matin, en Taureau blanc.
« Cher amant, lui disait Europe,
Tu sais, au sein des voluptés,
Du Taureau quittant l'enveloppe,
Garder ses grandes facultés! »

Certain Taureau de bonne mine
De Pasiphaé fut l'amant ;
C'est ce que le tendre Racine
Appelait un égarement (1).
Depuis cette étrange aventure,
Aussitôt qu'un amant chéri
De l'épouse tient la ceinture,
Les cornes poussent au mari.

---

(1) Dans quels égaremens l'amour jeta ma mère.

(PHÈDRE.)

Le Minotaure en son dédale,
Recevait, dit-on, tous les ans,
Pour ses repas de Cannibale,
Sept tendrons fort appétissants.
Je crois qu'il n'eut pas d'ordinaire
D'aussi sanguinaires penchants,
Et qu'il savait encore leur plaire
En leur donnant des coups de dents (1).

Mais tout cela, c'est de la fable !
Gourmands vous prisez le Taureau,
Quand vous voyez servir sur table
Une bonne fraise de veau.
Si cette chair est un peu lourde,
Rendons-en grâces à Bacchus ;
Et cent fois tarissons la gourde
Qu'il réserve à ses seuls élus.

C. Fournier.

---

(1) Les deux dernières syllabes ne font qu'un seul mot.

LA POULE.

Air : de l'Opéra-Comique.

Qui ? de la poule ou bien de l'œuf
Le premier, le ciel fit éclore?...
Ce problème, qui n'est pas neuf,
Est pourtant à résoudre encore.
Moi, de ma propre autorité,
Sans tant me fatiguer la boule,
Je dis que la priorité
    Appartient à la poule.   *bis.*

C'est pour les pauvres amoureux
Qu'on inventa la contredanse,
Pour un moment ils sont heureux,
Le sentiment suit la cadence.

Tout à leurs brûlantes amours
Et seuls, au milieu de la foule,
Ils font serment d'aimer toujours,
 En dansant une poule.

⁕

Gloire immortelle au bon Henri,
Noble fleuron de notre histoire !
De toi seul, monarque chéri,
 Le peuple a gardé la mémoire.
Ce modèle de tous les rois,
 Dont la mort a brisé le moule,
Voulait que quatre fois par mois,
 On mit au pot la poule.

⁕

Près de la gentille Babet,
Ce vieux garçon passe sa vie ;
Il ne forme pas un projet ;
Que son sort est digne d'envie !

Fuyant et le monde et le bruit,
Son existence en paix s'écoule...,
Il ne veut qu'un bonnet de nuit,
 Avec son lait de poule.

⁂

Des rois éternel souverain,
Toi, qui fus l'honneur de la France,
Et qui, sous ton sceptre d'airain,
Sus tout soumettre à ta puissance;
Qu'à jamais soit béni le jour
Où bravant le vent et la houle....
On te rendit à notre amour,
 Grâce à la Belle-Poule.

⁂

Flétrissons ce mauvais sujet
Dont la famille est dans la gêne,
Qui, dans un sombre estaminet,
Va souvent perdre une semaine.

Il entonne un joyeux refrain,
Autour de lui la liqueur coule...
Quand ses enfants n'ont pas de pain,
 Il va faire une poule.

On dit partout que les impôts
Pour tous sont une charge immense,
Et le pouvoir, mal à propos,
Voudrait nous réduire au silence.
Nous pouvons bien nous récrier,
Puisque chez vous notre argent roule,
Au moins, sans la faire crier,
 Sachez plumer la poule.

Près de sa fringante moitié,
Ce vieil époux est tout de glace ;
Croit-t il que la simple amitié
De l'amour peut tenir la place ?

Quand veut.... s'escrimer le barbon,
De son front la sueur découle...
C'est qu'un vieux coq n'est jamais bon
   Pour une jeune poule.

Mépris pour ce spéculateur
Que la cupidité dévore,
Qui, mécontent de son bonheur,
Riche, veut l'être plus encore.
Mais, à force d'être exigeant,
Bientôt sa fortune s'écroule,
En voulant tripler son argent,
   Il a tué la poule.

F. Olivier.

LE PIGEON.

Air. Contentons nous d'une simple bouteille.

Il faut, amis, pour ce repas splendide
Vous composer un plat de ma façon ;
Or j'ai fait choix d'un animal candide,
Et pour vos goûts j'assaisonne un pigeon ;
Ce volatile au tendre et doux ramage
Suit de l'amour les plus fidèles lois :
De le plumer, hélas ! c'est grand dommage,
Mais c'est si bon de s'en lécher les doigts.

Les nobles seuls, par un vieux privilège,
Pouvaient jadis bâtir des colombiers

Et de pigeons un immense cortège
Pouvait manger le grain de leurs fermiers ;
Ils sont passés ces jours de l'esclavage !
Le pigeon meurt victime du bourgeois.
  De le plumer etc.

Allant au loin porter maintes nouvelles,
Voyez, voyez ces pigeons dans les airs !
Est-ce l'espoir qui vole sur leur ailes ?
Est-ce un malheur qui traverse les mers ?
Lorsque chargé, d'un amoureux message,
Avant le but, l'un d'eux est au abois,
  De le plumer etc.

Le saint Esprit en descendant sur terre
D'un beau pigeon revêtit la blancheur :
Pour accomplir ce sublime mystère,
Le ciel eut soin d'éloigner le chasseur.

L'oiseau divin, dans ce siècle peu sage,
Se trouve en butte aux coups de gens adroits.
  De le plumer etc.

J'aime surtout le pigeon de volière :
A notre oreille il roucoule l'amour ;
Sa chair est belle, et toute ménagère
Sait le soigner, le rôtir tour à tour.
De sa constance il faut donc qu'elle enrage,
Pour immoler cet habitant des toits.
  De le plumer etc.

Nous avons vu la garde citoyenne
Par des pigeons se faire un nom fameux ;
Les fins bizets venaient à la douzaine
Peupler nos rangs de plus en plus nombreux.
On a banni ces oiseaux de passage ;
Nous n'estimons que le pigeon de choix.
  De le plumer etc.

Fameux Vatel, grâces à ton génie,
De vingts ragoûts, le pigeon est l'honneur :
Pigeon au sang, au sucre, à l'eau de vie,
Chez les gourmets a certaine valeur.
En crapaudine il me plait davantage ;
A la monarque il charmerait des rois.

  De le plumer etc.

En célébrant l'animal domestique
Qui chaque jour vient orner nos repas,
J'ai cru, messieurs, faire une œuvre classique ;
Triste ragoût ! penserez vous tout bas.
C'est un salmis que tout ce bavardage,
Et mieux vaudrait un vrai pigeon aux pois !
De le plumer hélas ! c'est grand dommage,
Mais c'est si bon de s'en lécher les doigts.

LAGARDE.

LE CHIEN.

Air : Ah ! si ma Dame me voyait !..

Le chien est un noble animal,
Généreux autant que sensible,
Dites-vous, il n'est pas possible
Qu'un tel sujet soit traité mal ;
Vous vous trompez : mais, c'est égal.
Il convient que je vous explique
Pourquoi je ne puis chanter bien
Votre compagnon domestique,
C'est que je n'aime pas le chien. (bis)

Ne pas l'aimer ! ce tendre ami !
Du dévoûment ce doux symbole !...

D'accord, et qu'il soit votre idole ;
Flattez-le sur vous endormi.
Ne le prônez pas à demi.
Mais, chez moi c'est involontaire,
Je ne suis pas méchant, eh bien !
Pourtant, je ne saurais m'en taire.
Je n'aime pas du tout le chien.

※

Enfant chéri, choyé, gâté,
J'étais aimé de tout le monde...
Un chien, noir, hargneux, laid, immonde,
Toujours aboyant, irrité,
Etait par moi très redouté :
Enfin, c'était ma bête noire...
Et je le vois encore... Rien
N'a pu m'ôter de la mémoire
Les peurs que m'a faites le chien.

※

Dans notre cour, par un beau soir,
Je jouais, sans gêner personne :

Il entend la cloche qui sonne,
Sur moi ce terrible chien noir
Saute... je ne pouvais le voir,.
Mais je le sentais par derrière,
Et je tombais sur le vaurien...
Me croyant perdu, quand ma mère,
A mes cris, me sauva du chien. (bis)

Depuis je n'ai pas pu souffrir
Des aboiements à mon oreille,
Ni cette rage sans pareille
Qu'ont les chiens, sur vous, de courir.
Ça vous plait... chacun son plaisir.
Leur cynisme abonde en scandales,
Leur nom seul outrage un chrétien !
Ils ont toujours les pattes sales.
Je ne peux pas chanter le chien. (bis)

C. Émile Varin.

LES AIMABLES COCHONS.

Air : Un grenadier c'est une rose.

Serait-il vrai qu'à cette table
Je doive vanter le cochon !...
Ce sale habitant d'une étable
Est un sujet peu folichon.
Laissons là c'tte sotte besogne
D'rimer sur un grouin qui grogne,
Et célébrons ces bons garçons,
D' l'amour et d'Bacchus nourrissons.
        Chantons   (4 fois.)
  Les aimables cochons.

Dès qu'une beauté se présente,
Près d'elle, imitant l'papillon,

D'une flamme vive et brûlante
Ils lui font sentir l'aiguillon.
Et puis avec les camarades
Ils lamp'nt d'éternelles rasades,
Quand l'beau sex' les appell' *buveurs*,
Ils répond'nt nous somm's des *viveurs*.
  Chantons   (4 fois.)
  Les aimables cochons.

Pour séduire un' gente grisette,
Ils pay'nt son terme galamment,
Et, l'ornant d'un' fraîche toilette,
La mèn'nt dîner au restaurant.
Ils lancent l'pétillant champagne,
Qu'un' salad' d'homard accompagne...
Et l'cabinet particulier
Voit vit' la vertu s'oblier !...
  Chantons
  Les aimables cochons.

La Phryné, f'sant la p'tit' maitresse,
N'saurait les prendr' dans ses filets ;
Ils veul'nt bien payer en tendresse,
Mais en billets d'banque jamais !
Galants même dans leur flouerie,
Ils sont passés maîtr's en rouerie ;
Et plus ils font de malins tours,
Plus ils plais'nt : ils triomphent toujours!
  Chantons
 Les aimables cochons.

A table ils font toujours bonn' chère,
Et dans es bals pinc'nt tour à tour
Un cœur et la Robert-Macaire,
Vivant, joyeux, au jour le jour.
L'délir' de leurs folles orgies
Se peint sur leurs faces rougies,
Ils aim'nt mieux en noceurs finis,
Vivre en c'bas mond' qu'en paradis.
  Chantons
 Les aimables cochons.

Amis, nous savons boire et rire,
Du luth accompagner notr' voix ;
Notr' cœur incessamment soupire
Pour tout' fille au joli minois ;
L'amitié toujours nous rallie
Sous les grelots de la folie,
Aussi bien qu'eux narguant le sort,
Nous pouvons bambocher à mort.
    Vivons
  En aimables cochons.

GAGNEUX.

LE COQ.

ÉPITRE

A mon ami et collègue, Veïssier Des Combes.

Permets, mon cher Veissier, qu'ici je te chapître;
En son temps j'ai reçu cette agréable épître
Où, d'un style amical, mais ferme comm un roc,
Pour sujet de chanson tu m'imposais le Coq !
Oiseau que le destin, le sort, ou la fortune,
M'adjugeait sans appel, dans la chance commune ;
Quand je dis : en son temps, j'ai tort à tout égard,
J'aurais mieux fait de dire : ou trop tôt ou trop tard.
Sonde tes souvenirs... par crainte et par prudence
Je t'avais, je le crois, annoncé mon absence;
Cette absence devait doubler la mi-août;
Pouvais-je donc, le vingt, assister à ton raoût ?

L'interrogation n'est ici que pour note;
Je te la fais sans fiel (j'ai l'ame peu dévote)
Mais non pas sans regret, car, hélas! en ces temps
Ils sont rares, ami, bien rares ces instants
Où l'on peut, à huis-clos, dépouillant le vieil homme,
Amortir, des soucis, un tant soit peu la somme,
Où l'on peut, entouré de bons, de vrais amis,
Par les goûts ralliés, par le plaisir soumis,
Se livrer, sans contrainte, aux écarts d'une verve
Dont, malgré sa pudeur, sourit, à part, Minerve.
Où chacun, tout entier aux charmes du séjour,
Nouvel Anacréon, vit un siècle en un jour!...

Oui, l'homme est le jouet de tristes destinées!...
Encor quelques délais, encor quelques journées,
Et joyeux, près de vous, je revenais m'asseoir!...
N'ai-je pas, cher ami, raison de t'en vouloir ?...

Non,.. trêve à ces regrets... je dois bénir, peut
être

Le Hasard, cet aveugle, ou le Temps, ce grand
maître.

De m'avoir, sans dessein ou par prévision,
Délivré d'un fardeau que, par ambition,
J'eusse voulu charger sur ma chétive épaule,
Afin de m'acquitter, à tout prix, de mon rôle...
Le Coq ! ce sujet, certe, attendait un auteur
Qui pût, avec orgueil, atteignant sa hauteur,
Dérouler à nos yeux l'active vigilance,
La fierté, la colère, et surtout la vaillance
De ce digne gardien, qui, fuyant le repos,
Veille sur notre honneur et guide nos drapeaux !..
Mais le Coq est pour l'Aigle un rival bien vulgair
Me dira-t-on... d'accord... l'Aigle bâtit son aire
Dans les réduits altiers de ces rocs sourcilleux
Dont la base est à terre et le sommet aux cieux !
Sans redouter ses feux, sans fléchir la paupière,
L'aigle peut du soleil affronter la lumière...
De notre horizon, même, il dédaigne le seuil...
Je le sais, et je tiens à crime son orgueil...

Oui, selon son mérite, à chacun les louanges;

Quand, jadis des Prussiens, les nombreuses phalanges,

Inondant notre sol et semant la terreur,

Osèrent nous braver... dans sa noble fureur,

Qui, le premier, donna le signal des batailles?...

Ce signal précurseur de tant de funérailles!...

De jours si glorieux!... de si brillants exploits!..

Comme moi, tu le sais, ce fut le Coq gaulois;

Après avoir assez fatigué la victoire,

Et fourni, sans relâche, au burin de l'histoire,

Qui revint au forum, nouveau Cincinnatus,

Faire briller encore de paisibles vertus?...

Ce fut le Coq... mais l'Aigle agité par l'envie,

Croit voir à sa couronne une perle ravie...

Se rappelant alors son antique valeur,

Et secouant enfin son auguste torpeur,

Des sommets indomptés il descend, et vient prendre

Place sur le cimier d'un nouvel Alexandre.

Je ne le suivrai point dans son rapide vol...
Soit qu'il perçât la nue ou qu'il rasât le sol,
Ce ne fut qu'un triomphe !... on vit tomber en
    poudre

Bien des trônes brisés, attaqués par son foudre !...
On vit crouler les murs de ces vieilles cités
Pures de tout affront ! vierges d'adversités !...
Les Rois... les Empereurs... devinrent ses esclaves
A son essor fougueux ne voyant plus d'entraves,
Dans sa serre il voulut étreindre l'univers,
L'univers se raidit et sut briser ses fers !

Jetons un voile, ami, sur des malheurs illustres...
Respectons le passé... je vois après trois lustres
Reparaître le Coq à dessein oublié ;
Je le vois toujours fier... l'étendard déployé
Me le montre entraînant aux plaines du Batave
Nos jeunes bataillons... et Chassé, ce vieux brave
Qui naguère Français combattait dans nos rangs,
De ses anciens amis reconnaît les enfants...

Et si nous le suivons aux champs de Numidie,

Nous le voyons encor, dans sa course hardie,
Atteindre et subjuguer l'Arabe au prompt coursier
Du terrible damas, son bec ronge l'acier!...
Mazagran, Constantine, Oran, Cherchell, Bougie,
Bône, Miliana, chaque plaine est rougie
De son sang glorieux!... des crêtes de l'Atlas
Aux Portes-de-Fer, rien ne ralentit ses pas.
Et vainqueur généreux, aux enfants du prophète
Il fait presque oublier et bénir leur défaite!...
Tu le vois, cher ami, de craindre, avais-je tort?
En récusant ce lot que m'octroyait le sort,
Je n'ai fait qu'échapper à de vaines amorces,
Car, j'avais consulté mon esprit et mes forces.
Ne m'en veuille donc pas d'un semblable refus,
Je jure que plus tard tu ne m'y prendras plus.
Mais pendant qu'attablés dans l'antique Lutèce,
Sacrifiant aux Dieux de Rome et de la Grèce,
Vous vous livriez tous à des ébats joyeux
En sablant sans pitié le nectar jeune et vieux,
En faisant raisonner le fouet de la satire
Dont vous cinglez les sots, en les forçant à rire,

J'étais dans la Neustrie... armé d'un long bâton,
Et le chef couronné d'un bonnet de coton,
Ami, je vendangeais dans ce fragment des Gaules,
Les vendanges toujours se font à coups de gaules;
Ouvrier diligent, je voyais chaque soir
Ma récolte combler le ventre du pressoir..

Enfin, te le dirai-je?... oui! pour clore ma lettre,
Je ne veux rien cacher, je ne dois rien omettre
Désirant m'étourdir sur mon éloignement,
Par des libations reprises fréquemment,
J'ai noyé ma raison dans des torrents de cidre!..
Je ne distinguais plus, même l'heure au clepsydre!

Enivré, je donnais la palme au Pigeonnet,
J'accablais de dédains Bordeaux, Nuits, Pacaret,
Sans remords, j'envoyais promener le Champagne
Et voyant où j'étais, le pays de Cocagne,
Des verres qu'on vidait animé par le choc,
J'ai dit : à moi la pomme!..Amis! à vous le Coq.

A. SALIN.

TABLE DES MATIERES

CONTENUES DANS CE VOLUME

PAR ORDRE ALPHABÉTIQUE DE NOMS D'AUTEURS.

MM.

ALBERT-MONTÉMONT.

	Numéros des Pages.	Numéros de la clé du Caveau
L'Ail.	49	794
La Pêche.	103	378
La Vache.	149	888

BORDET.

Le Navet.	36	792

de CALONNE (Ernest).

La Romaine	3	572

de CALONNE (Hippolyte).

L'Oseille. 24 — 633

F. de CALONNE père.

Le Chou. 39 — 113
Résumé. 52 — 550
La Noix. 87 — 1548
Encore un oubli. 145 —
Réponse au couplet d'ouverture,
   (Animaux domestiques). 148 — 1924
L'Ane. 163 — 1113

CHARTREY.

La Noisette. 64 — 756

DÉCOUR (Eugène).

L'Abricot et les Boutons de Rose. 67 — 1924

DÉSAUGIERS (Eugène).

La Prune.	125 —	910
Le Cheval.	190 —	1113

le Baron DIDELOT.

Le Bœuf.	159 —	888

FOURNIER.

La Mûre.	129 —	910
Le Taureau.	201 —	

GAGNEUX.

Le Raisin.	121 —	777
La Fraise.	141 —	725
Le Cochon.	175 —	1030
Les Aimables Cochons.	218 —	

GIRAUD (Auguste).

La Betterave. 17 — 888
L'Amande. 115 — 1113
Requête de la Fraise à l'assem-
blée des Fruits. 133 — 205
L'Oie. 184 — 1937.

JACQUEMART.

L'Artichaut. 10 — 384
Le Canard. 179 — 38

JUSTIN CABASSOL.

La Pomme de terre. 5 — 408
Les Charmes d'Auteuil. 54 —
Mon Déboire. 57 —
La Poire. 81 —
Le Dindon. 169 —
Les Fraises. 137 — 725

LAGARDE.

Le Poireau.	26	— 1076
La Groseille.	92	— 866
Le Pigeon.	211	— 105

OLIVIER fils.

Couplet d'ouverture (légumes).	1	— 1924
L'Ognon.	21	—
La Nèfle.	96	— 177
La Poule.	206	— 805

OLIVIER père.

L'Asperge.	28	— 633
Couplets d'ouverture (fruits).	55	— 195
Le Coing.	109	— 249
Le Mouton.	196	— 858

Alph. SALIN.

Improvisation au banquet des légumes.	2	— 1924

Les Lentilles. 45 — 1844
La Figue. 100 — 725
Le Coq. 222 —

TOIRAC (Alphonse).

La Cerise. 77 — 1844

VARIN (Emile).

Le Chien. 215 — 1847

VEISSIER DES COMBES.

La Carotte. 31 — 635
La Pomme. 71 — 1932
Couplet d'ouverture (Animaux domestiques). 147 — 748
Le Lapin. 155 — id.

FIN DE LA TABLE.

ERRATA.

Page 8, quatrième vers, au lieu de *succulant*, lisez : *succulent*.

Page 13, dernier vers, au lieu d'*un œillade*, lisez : *d'une œillade*.

Page 23, cinquième vers, au lieu de *met*, lisez : *mets*.

Page 24, onzième vers, au lieu de *l'oseille ; qui*, lisez : *l'oseille qui*, etc.

Page 30, septième vers, au lieu de :
Il a pour *lui* des charmes, lisez :
Il est *chéri* des dames.

Même page, dixième vers, au lieu de *dames*, lisez : *femmes*.

Page 37, quatrième vers, au lieu de *cuissinière*, lisez : *cuisinière*.

Page 42, quinzième vers, au lieu de *lamparage* lisez : *de haut parage*.

Page 52, premier vers, au lieu de *chanté ou le légume*, lisez : *chauté son légume*.

Page 56, septième vers, au lieu de *si haut perché*,

lisez: si haut *monté*.

Page 74, au lieu de air *Viâ Versâ* lisez: air: *des pages du duc de Vendôme*.

Page 75, treizième vers, au lieu de *primeure*, lisez: *primeur*.

Page 78, premier vers, au lieu de *toujo*, lisez: *toujours*.

Page 95, cinquième vers, au lieu de *exellent*, lisez: *excellent*.

Page 111, douzième vers, au lieu de *sons témoin*, lisez: *sans témoins*.

Page 112, huitième vers, au lieu de *pns* à fleur, lisez : *pur* à fleur.

Page 113, troisième vers, au lieu de j'ai *âme*, lisez : j'ai *l'âme*.

Page 114, troisième vers, au lieu de vous *puissiez*, lisez, vous *pussiez*.

Page 117, neuvième vers, au lieu de ses deux *ralves*, lisez : de ses deux *valves*.

Page 120, quatorzième vers, au lieu de *puisq'on* lisez : *puisqu'on*.

Page 126, quinzième vers, au lieu de *psen*, lisez: *pris en*.

Page 153, douzième vers, au lieu de *au flauc*, lisez : *au flanc*.

Page 166, quatorzième vers, au lieu de *badeau*, lisez: *badaud*.

Page 173, septième vers, au lieu de *dindon*, lisez: *dindons*.

Page 175, quatrième vers, au lieu de *vive à jamais*, lisez : *vive, vive à jamais*, etc.

Page 180, dernier vers, au lieu de *je serais fière*, lisez : *je serais fier*.

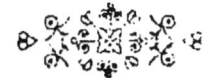

www.ingramcontent.com/pod-product-compliance
Lightning Source LLC
Chambersburg PA
CBHW060118170426
43198CB00010B/944